中公文庫

増補改訂版

追跡・アメリカの思想家たち

会田弘継

中央公論新社

追跡・アメリカの思想家たち　増補改訂版——目次

追跡・アメリカの思想家たち

増補改訂版

プロローグ　メコスタ村へ

「日が暮れるまでには、着けると思うのですが」

どこまでも続く深い森。その中を突き抜ける、がらんとしたアスファルトの州道。道路脇のガソリンスタンドから訪問先に電話を入れた。

まだ携帯電話も普及していない一九九一年七月初めのことだ。アメリカ・ミシガン州の深奥部、深い緑の上の空は抜けるように青かった。向かうのはメコスタ村。現代アメリカ思想について考え出すまで、見たことも聞いたこともない地名であった。その地名がある人々に一種の「聖地」のような響きを与え、そこにいる一人の老人が「メコスタの賢人」と呼ばれていることも、つい数ヵ月前にはまったく知らなかった。

人口四百人。メコスタ村のメインストリートらしき通りの小さなよろず屋風スーパーでその老人の名を告げて道を尋ねると、「パイエティ・ヒル（敬虔の丘）だね」。

教えられた通りにボロ車でものの二、三分も走ると、メインストリートらしき通りのはずれとなり、脇道へ入ると林の中に、屋根の上に小さなドームの付いたイタリア風煉瓦造りの古めかしいお屋敷が現れた。

もう夜の八時頃だったかもしれないが、緯度の高いところの夏であり、まだ明るかった。玄関に笑顔で迎えに出たのが、ラッセル・カーク博士とアネット夫人だった。カークは当時、七十二歳。その年の春、湾岸戦争が終わってしばらく経ったころにワシントンの保守系シンクタンク、ヘリテージ財団に講演に来た時、はじめて会った。戦後アメリカ保守主義思想運動の原点に立つ思想家だ。日本にいた時には聞いたこともない思想家であった。

冷戦が終結を迎えた当時、社会主義超大国ソ連と対峙したアメリカを支えた思想は何なのか、考えてみたいという強い衝動を感じた。レーガン―ブッシュ（父）共和党政権と続けて政治任命を受けて中堅幹部として働いていた友人に勧められて読んだのが、ジョージ・ナッシュ著『一九四五年以降のアメリカにおける保守思想運動』（一九七六）という本だった。当時は絶版となって久しかった。

図書館で探し当て、まるまる一冊をコピーして、線を引き、書き込みをしながら、必死で読んだ。「保守革命」がいわれた九〇年代に再刊され、その後、アメリカの戦後保守思想をたどろうとする人たちの必読書になるが、当時は限られた人しか読まないような本だった。

著者ナッシュとはのちに親交を結ぶようになるが、カークが生涯をメコスタ村で過ごし、「隠者」のようなところがあったのと同様に、七十歳を超えたナッシュもどこの大学にも属さず、在野の著述家としてマサチューセッツ州西部の小さな町で、静かにアメリカ現代思想史の著述を続けている。

そのナッシュの名著には、日本では聞いたこともなかった思想家たちが次々と登場して、アメリカを報道するジャーナリストとしての自分の不明が悔しく、その中で分析されている数多くの思想家たちの著作を読むだけでなく、生存している人に会って直接話を聞いてみたいと思いはじめた。その中の筆頭が、一九五三年に『保守主義の精神』を著し、アメリカの思想風景を変えたように思えたラッセル・カークであった。

ワシントンのヘリテージ財団が当時、定期的にカークを講演に呼んでいることを知って、その時を狙って財団に行き、講演後のカークを呼び止め、話を聞こうとしたが、立ち話で終わるはずもない。アネット夫人と一緒だったカークも「帰りの飛行機便までの時間がほとんどない」という。

「うちへいらっしゃい。何泊でも時間がある限り、話していったらいいわ」

アネット夫人が初対面なのに信じられないような申し出をしてくれた。博士も「そうだ。それがいい」と言う。

湾岸戦争に徹底して反対

こうして、一九九一年の夏、ワシントンから日本への帰任時にメコスタ村に立ち寄ることになった。昼間は博士の「図書館」（屋敷の近くのもとオモチャ工場だったという廃屋を買い取ってまるまる書庫にしていた）で、ナッシュの思想史に引用されるアメリカの知られざる思想家らの何百という書物（絶版のものが多かった）を取り出して、片っ端からページを繰ってみる。三度の食事を博士とともにとり、夜は火のない炉端で博士の回顧談や、愉快な話で談笑する。

実は、泊まり込みの恩恵に浴しているのは、ほかにも四人いた。屋敷の離れにはニューヨーク州から来た大学教授夫妻が滞在していた。確か南部から来ていたと記憶する大学生二人が、図書館をねぐらにしていた。カーク邸には常時こうして泊まり込みで学びに来る人がいる。アメリカの「松下村塾」のような所だったのだ。

それを支えるのは、これも名前も聞いたことのないような、カークの思想に共鳴する中小の財団であるということも、のちに分かった。アメリカとはそういう国だ。ナッシュの研究もそのようにして誰かがいまも支えているはずだ。

カーク邸での夜の語らいで分かったことは、博士がその年はじめの湾岸戦争に徹頭徹尾反対していたことだった。戦争の最中に老体にむち打つようにワシントンに講演に出向き、激しい反戦演説をしている。

クウェートに侵攻したイラク軍を追い出す戦争で、なぜ「文明揺籃の地」イラクを空爆で徹底破壊するのか。「新世界秩序」を求めるというブッシュ（父）大統領の戦争目的は

「永久平和のための永久戦争」につながりかねない。さらに一八世紀末にオランダのスケルデ川の航行権をめぐってイギリスがオランダと開戦しようとした時、近代保守思想の始祖である政治家・思想家エドマンド・バークが「スケルデ川を求めての戦争とは何だ。（フランス人が使う）寝室用おまるを求めての戦争のようなものだ」と、商業利益をめぐる戦争のばからしさを非難して当時の小ピット政権に立ち向かったのを例に挙げ、「クウェートのための戦争とはなんだ。石油缶のための戦争か」と批判していた。

　本書で取り上げる戦後アメリカの保守思想家たちにも見られる態度だが、カークは「革命」と「戦争」を生理的なくらい嫌っていた。一九九四年のカークの死後に出版された自伝『想像力の剣』を読んで、彼が第二次大戦中の日系人収容に怒り、大戦中の選挙では反戦候補に票を入れ、ヒロシマ・ナガサキに大きな衝撃を受けていたことをはじめて知った。

　日本についても話し合った。日本に一度もいったことのない人だったが、保守思想について一九八〇年代初めに編んだアンソロジーの解説で世界の保守主義を通観しながら、次のように書いている理由を本人に質したかったからだ。

「ナショナリズムの激しい嵐の中でアジアでは保守主義が破壊されているが、日本には保守的精神が残っているようだ。敗戦と占領の屈辱の中から立ち直って、敬虔、義務感、名誉心という古い日本の概念をもとに、日本の保守主義が台頭している。日本は多分本気で、次から次へと西洋の仮面をかぶっては捨て、かぶっては捨てしているが、仮面の下には古い日本の気質が生き続けている。いまの西洋物質主義と技術官僚主義の仮面も永遠には続かない」

留意したいのは、カークはナショナリズムこそ保守主義の敵だという大前提を持っていることだ。これは本書で展開するテーマの一つであるが、最近の日本での保守論議を見ると、「愛国主義、ナショナリズム＝保守」のような、とんでもない議論があるのであえて注釈する。保守思想というのはむしろナショナリズムに対抗するものだということが、カークという一人の思想家を通して明確に分かった。

「古いものを残すために新しいものの『仮面』を着ける日本という観点は、どこから得たのですか」。カークに聞くと、こんな答えが返ってきた。

「私の日本観は読書からだけなのだが、ラフカディオ・ハーン（小泉八雲）の作品が日本観の形成に役立った」。さらに、その後のカークとの書簡のやりとりから、夏目漱石の『こころ』の英訳にも感銘をうけていたことが分かった。

ハーンはアメリカでは今日、ほとんど忘れ去られた作家だ。そして、そのハーンとともに、川端や三島ではなく、英訳がほそぼそと読まれているだけの漱石の『こころ』が、アメリカ深奥部の孤村で思索を続けてきた保守主義の大御所に強い印象を残していたと知って、不思議な思いにとらわれた（このことはエピローグで詳述する）。

そのころ、南部思想家でアグレリアン（農本主義者）であるリチャード・ウィーバー

(一九一〇―六三) のエッセーもぼちぼちと読み始めていたが、敗れ去った南軍のリー将軍を思想史的なテーマ(「文明的な戦争」を行えた武人)として論じているのを見て、福沢諭吉や内村鑑三が西南戦争で敗れた西郷隆盛を肯定的に論じて、近代日本の難問を解こうとするのと通じ合うのではないか、などと思ったものだ。リー将軍を敬慕したウィーバーは、カークと同様に、ヒロシマ・ナガサキに強い衝撃を受けていた。「文明の精髄は倫理的なものだ。原爆は人類の規範に最後の一打となった。この報いは必ずわれわれに来る」。

戦後アメリカの政治思想を形づくっていった思想家を追っていくと、文化的に隔絶したような日本とアメリカは、意外にも似たような思想課題を抱えながら二〇世紀を歩んできたのだという気がする。そのことも本書では触れていく。

『隷従への道』を指針に

カークとの出会いから少しさかのぼるが、ベルリンの壁が崩壊した日(一九八九年十一月九日)とその前後のことも、自分と現代アメリカ思想史をつないだ出来事として忘れることができない。当時、初めての海外駐在でワシントンに来て一年半ほど経っていた。取材の最大のテーマは核兵器削減を中心とした米国とソ連(当時)の交渉であった。

ある交渉の時、ソ連側が「フェデラリスト」を研究したいと言い出し、アメリカ側を仰天させたことがあった。壁崩壊のしばらく前である。合衆国憲法の理念を民衆に説くためアレクサンダー・ハミルトン、ジェームズ・マディソンらが書いた『ザ・フェデラリスト』のことだ。ゴルバチョフ時代末期のソ連は当時、アメリカ側（慎重居士だった父親ブッシュ大統領の時代だ）を出し抜くように、次々と大胆な軍縮提案を出してきた。その裏では、ソ連側の「頭の中」に地殻変動が起きているのではないか、という気が初めてした一瞬だった。

やがて、ベルリンの壁が崩れる。ゴルバチョフのソ連はそれを黙認し、八九年十二月初めのマルタ島での米ソ首脳会談で「冷戦終結」を宣言した。相前後して、東欧諸国では次々と民主化革命が起きた。同月末にはルーマニア共産党政権の独裁者チャウシェスク大統領夫妻が銃殺刑に処され、その映像が世界に流れる。めくるめくような激変が、やがて東西ドイツ統一、ソ連崩壊へと進む。

いったい何が起きているのか。現象ではない。その意味が知りたい。忙しい日々の中、本屋に駆け込むようにして行き、手に取ったのがフリードリヒ・A・ハイエクの『隷従への道』だった。そうして買ったシカゴ大学出版のペーパーバック版がいまも手元に残っている。一九七六年に著者が新たな序文を付したものだ。

当時、忙しい中を持ち歩きながら読んだため、濃いオレンジ色の表紙が手あかにまみれている。開くとあちこちが黄色の蛍光ペンで塗りつぶされ、さらに鉛筆でアンダーラインも入れて、書き込みもあり、当時の大激変の意味を、この小さな書物をガイド役に探ろうとした自分が懐かしく思い出される。同時に、書物を読むということの意味をあらためて考える。

仕事柄、日々読む本や論文の数はかなりになるが、あの時代にこの『隷従への道』を読んだように、まさに今生きつつある時代の意味を格闘するように探り、それに応えてもらったという深い充足感を得た本がどれほどあるか。

ハイエクがこの本を「余暇を利用して」著したのは一九四〇年から四三年にかけて、まさに欧州が大戦乱の中にある時代であった。当時、彼は故国オーストリアから移って、英国を拠点に活動していた。出版は一九四四年。米国版で二百五十ページほどの小著だが、その持つ意味はハイエクにとって大きかった。ハイエク自身が、一九七六年序文で「はからずも本書は、その後新しい分野での研究の出発点になった」と振り返った通りだ。純粋経済理論の問題をテーマとしていたハイエクは、この小著から後期ハイエクへと変貌してゆき、一九六〇年の『自由の条件』、続いて一九七三年から三巻本として出る『法と立法と自由』という自由の本質を探る大著へと進む。

また、『隷従への道』は出版当時、本国英国でよりもアメリカで争うようにして読まれてベストセラーになり、のちハイエクがアメリカへ移住していくきっかけをつくった。ハイエクはそうして、アメリカ現代思想史の重要人物となっていった。

『隷従への道』の衝撃は、経済の「計画化は必ず独裁に行き着く」と言い切った点だ。ハイエクは、「自由」こそが最高の政治価値だという前提で議論している。民主制は必ずしも自由を保証しない。多数派が専制を行うこともある。「プロレタリアート独裁」は、形式は民主的であっても、経済制度を中央から統制することで、どんな専制も及び付かないほどに「個人の自由」を破壊してしまう。なぜか。本来は市場で決めるべき需要・供給のバランスや価格に介入して計画経済を始めた途端に、どの物資をどこに回し、どれだけ生産し……という計画の泥沼化が起きる。

「経済活動を統制する人は……どの目的を満たし、どの価値をより高いと見なし、どの価値をより低いと見なすか、簡単に言えば、人は何を信じ、何に対して努力を払うべきかを決定しなければならなくなる」。やがて、「われわれの基本的な欲望から、家族・友人との関係、仕事の種類から余暇の利用にいたるまで」全生活の指導に至る。計画経済に始まり全体主義の圧政につながっていく道が、見事に描き出されていた。それがまさに『隷従への道』であった。

「合理的なるもの」への不信

ハイエクが執筆当時強く意識していたのは敵国ドイツの国家社会主義＝ナチズムの姿であったが、ソ連の共産主義の実験に対して向けられた警告でもあったことは、のちにソ連が行き着いた姿を見れば明らかだ。それとともに、ナチズムとソ連共産主義は全体主義という（至高の政治価値である）自由を破滅に追い込む「同じ穴のムジナ」だと断じたことが、大きな意味を持った。

ハイエク自身は後に、執筆当時には連合国側としてナチズムと戦っていたソ連の共産主義に対する警告が足りなかったのが「誤りだった」（一九七六年序文）と反省しているが、冷戦終幕の時点で読んだ私には、これこそが共産主義への最も本質的な批判だと受け止めた。

『隷従への道』は、ハイエク自身は一般向け書物とは考えておらず、英国ではそれほど評判をとらなかったが、一九四四年秋にシカゴ大学出版がおずおずと二千部を刷って出してみると、たちまち売り切れた。一週間後には五千部を増刷、ミリオンセラーへの道を駆け上っていく。

決して素人向きとは言えないこの本が、なぜアメリカでそんなに売れたのか。

大反響は、トロツキストから保守へと転じた転向知識人のジャーナリスト、マックス・イーストマンの手になる要約版が『リーダーズ・ダイジェスト』に掲載されたことによるともいわれる。この要約については、ハイエク自身が「実に、実に良くできていた」と回想している。

その一方で、ルーズベルト大統領の下、ニューディール政策から戦時統制へと果てしなく続いてきた計画経済社会に対し、アメリカ経済界を中心に強い不満が溜まっていたことも影響した。アメリカ人本来の自由への希求が働いた。

『隷従への道』が訴えかけるのは、計画経済が専制政治に至るというテーマだけではない。全体を通して、ハイエクの「合理的なるもの」への強い不信と鋭い批判精神が迫ってきて、読む者を揺さぶる。「計画の合理性」ではなく、「市場の不合理」こそを信ずる。市場のメカニズムは人知には解明不可能だ。そこには人々の欲望と思惑を通じ、計り知れない量の「情報」が集まる。そして「価格」という形で、毎瞬時に答えを出し続ける。それと同じことが人知で出来ると考える計画経済という「思想」の愚かさ。それを知ることに自由の本質があると訴えた。

ハイエクはオーストリア人であるが、一九三一年から移り住んだ英国を「精神的ふるさと」と思い続け、自らをフランス革命に自由の危機を見たエドマンド・バーク流の自由主義者だと考えていた。ただ、最初の夫人との離婚で居づらくなった英国から逃げるように米国に移り住むと、後期はシカゴ大学を拠点にアメリカの思想家と呼べるような活動をした。冷戦終結後の一九九一年、ハイエクは米国で最高の「大統領自由勲章」を受章した。「自由の勝利」を見通したというのが授章理由だった。

一方のカークもバークを拠り所として著作活動をはじめた。カークは代表作『保守主義の精神』で、アメリカ論壇に大きな衝撃を与えて登場した。英スコットランドのセント・アンドルーズ大留学でバーク思想を徹底的に究めたカークが、保守的であることの意味を考え直し、主にアメリカにおけるバーク的保守思想の系譜をたどった本だ。

ともに英国好き、バーク主義者の二人は戦後アメリカの保守思想に大きな影響を与えることになる。しかし、二人の影響は、カークの場合は「伝統主義者」と呼ばれる一群の人々、ハイエクの場合は「リバタリアン」（自由至上主義者）と呼ばれる別のグループに及ぶことになった。また、一九五七年には「保守」と「リベラル」という言葉の意味をめぐって、アメリカ現代思想史上有名な二人の論戦も展開された。

アメリカ現代思想史にはさまざまな潮流がある。

カークとハイエクの一九五〇年代の論争は、伝統主義対リバタリアンという大きな論争の中の一つであった。やがて、ここに六〇年代半ば以降、ネオコンサーバティズム（ネオコン）という新潮流が加わって、論争は複雑化する。これらは保守派内の潮流である。それは、保守対リベラルという大きな論争の中に組み込まれている。ネオコンというのは、この保守対リベラルという大きな枠組みの中で、両方の間を行ったり来たりした潮流であるともいえる。

アメリカの思想潮流は、結局はすべて「自由主義家族」の中での話である、と結論づけたのは政治思想史学者ルイス・ハーツであった。保守であれ、リベラルであれ、結局は「自由」の意味をめぐる論争にすぎないということもできる。論争が「自由」の枠組みから抜け出られないというのは、形容矛盾かもしれないが「自由の専制」であった。

カークやハイエク、さらに本書で取り上げる思想家らの一部は「反動」とも呼ばれうる。実際、そう呼ばれた。ハーツは代表作『アメリカ自由主義の伝統』（一九五五）の中で、一九世紀前半にアメリカ南部に現れた反動思想家たちが、自由主義の呪縛の中で生きるアメリカ政治思想にそこから脱却する可能性をいっとき与えた（彼は「反動啓蒙」と呼んだ）が、彼らはほとんど忘れ去られてしまったと述べた。アメリカが自己の政治思想を客観視できうる、失われた契機がそこにあった。

ところが、二〇世紀に再び彼らの末裔が現れて影響を及ぼした。それはなぜなのか、二一世紀のアメリカにどんな意味を持つのか——というのが本書の中で考えていくテーマの一つである。そこを考え抜くことが、カークがなぜミシガンの森林の中で、ハーンや漱石の意味を見つけ出せたのか、という問いへの答えにもつながる。それについては、本書の最後であらためて考えてみたい。

まずは、現代アメリカを形づくってきた一人一人の思想家を訪ね歩いてみよう。

第一章

戦後保守思想の源流
――ラッセル・カーク（一九一八―九四）

二〇世紀はアメリカの世紀だった。

「すべての人は平等につくられ、生命、自由、幸福の追求の権利を持っている」と宣言して一八世紀後半に独立した啓蒙主義思想に基づく国家が、頂点に至った時代であった。その豊かさは一時、比類のないレベルに達した。やはり比類のない軍事力で第二次世界大戦を勝利のうちに終えたアメリカには、世界の経済力の半分が集中した。文化の力も世界を覆った。ハリウッド映画、ジャズなど大衆芸術は、経済力とともに世界に浸透していった。

そんな上り坂の時代に、それを下り坂だと考えた思想家たちがいた。その代表的なひとりがラッセル・カークである。

ユタ州の有名な塩湖ソルトレークの西に果てしなく広がる砂漠。すべてが死んだようなこの風景の中に、ダグウェー化学・生物兵器実験場があった。第二次大戦の最中、故郷ミシガンからも、前線からも遠く離れたこの地で、時に毒ガス実験の余波で皮膚にただれを起こしたり、呼吸障害に陥ったりしながら、徴兵された一兵卒カークは砂漠に目をやり、しばしば思索にふけった。

「理性には限界がある。その限界線の向こうに広がる領域の存在を否定するのは、あまりに子供じみていないか」

ダグウェー実験場で試された焼夷弾が日本やドイツの都市に雨のように注がれ、一般市民が焼き殺されたばかりか、炎の嵐で多くが酸欠のため窒息死させられたのを知り、こうも思った。

「これが民主主義、人道主義を守るためと称する戦争の実態だ」

まだ二十歳代、南部ノースカロライナ州の名門デューク大学で修士論文を書き終えたばかりのカークには、そうした思索を体系的にまとめるのはむずかしかった。ただ、なんとなく方向は見えてきた。これまで一七世紀、一八世紀の啓蒙思想家こそが偉大だと思ってきたが、それは間違いだったのではないか。実は、自分にとって最もしっくり来る思想家は、啓蒙以来の思想の流れに逆らおうと試みた人たちではなかったか。たとえば、エドマンド・バークのような……。進歩、効率、平等など啓蒙思想的価値観の独善がたどり着いた先は、この目の前の砂漠より荒涼としているではないか。

デューク大で学んだ時代、南部の町を巡り歩きながら感じたことも思い出した。そこには故郷ミシガンの自動車産業の町デトロイトでは失われたものがあった。南部には、産業資本の北部に「無条件降伏」させられても譲り渡していないものが残っている。たとえば、工業都市にはみられなくなった人と人の絆……。

こうして、アメリカが超大国への地歩を固める戦争を戦っている時に、カークはその力の根源、歴史に疑問の眼差しを向け始めた。孤独な知的営みの始まりだった。カークのこの孤独な試みが、アメリカにおける戦後保守思想の原点となっていく。しかしそれは、今日、人々が「アメリカの保守主義」として語っているものとは隔絶しているようなところがある。アメリカにおける保守とは何かということを考える時の難しさは、カークの砂漠の中での思索に由来する。

近代への懐疑

ジョージ・W・ブッシュ政権を突き動かしていた思想は「保守主義」だとだれもが思っている。本当なのだろうか。たとえば、ブッシュ大統領の選挙参謀として有名だったカール・ローブが、二〇〇五年二月中旬に開かれた草の根保守政治団体「保守政治活動会議（CPAC）」年次総会の講演で次のように語ったのを、どう考えたら良いのか。

「ブッシュ大統領は人々の自由の拡大を力強く主張してきた。もとはといえば、リベラル（進歩派）の得意分野だ。理想主義の衣鉢は、われわれ（保守派）が奪いつつある。かつて保守主義運動は反動的な活動だった。今日の保守主義運動は歴史をつくり出す側になった」

保守主義と進歩主義それぞれの基本要素の認識においてローブは誤ってはいない。理想主義は進歩派のものであり、保守主義者はそれに懐疑の目を向ける。進歩派が理想主義に基づいて歴史を前進させようとするのに対し、保守派は慎重さを求めてブレーキをかける。とすると、ローブの発言は実はアメリカの保守主義は、思想としては保守であることをやめて、進歩派に宗旨替えしたといっているように思える。

もう一つ、次のようなことをどう考えたらよいのだろうか。

ネオコン（新保守主義者）の泰斗アービング・クリストル（一九二〇―二〇〇九）は、「（進歩主義に）幻滅した進歩派（リベラル）知識人」が始めた新保守主義（ネオコンサーバティブ）運動の政治目的は「アメリカの保守主義を近代的な民主主義統治に相応しい保守主義に転換させることにあった」と述べたことがある。戦前のトロツキストからの転向者である彼は、ブッシュ政権下でネオコンが大きな力を持つようになった時、欧州の保守主義の伝統と違う「アメリカ気質」の保守主義が生まれたと主張した（二〇〇三年八月のエッセー「ネオコンの信条」）。

近代保守主義は市民革命であるフランス革命を鋭く批判した英国の政治家・思想家エドマンド・バークに始まり、西欧の歴史と思想風土の中ではぐくまれてきた。そこには常に、ナイーブな自由信仰や民主主義に対する懐疑がある。もっと大きくとらえれば、保守主義とは「近代」への懐疑だ。

とすると、革命運動から転向し、米政党政治の流れの中で民主党リベラルから共和党保守へと遍歴をたどった人物を泰斗と仰ぎ、自由や民主主義への讃歌を高らかに奏でて、「欧州とは無縁だ」という保守主義とは何なのか、ということになる。

アメリカの保守主義については、言葉の定義や概念の問題を含めて整理が必要だ。

「少数派」を貫く

二〇〇五年二月のカール・ローブの講演の翌日、中西部ミシガン州からワシントンを訪れていた故ラッセル・カークのアネット夫人と会って、食事をともにした。夫人は一九六〇年代に保守派学生運動に加わっていて、講演に来たカークと知り合い、結ばれた。ミシガン州深奥の人口四百人の小村メコスタで在野の著述家として生涯を終えたカークを支え、その死後は自宅を「ラッセル・カーク・センター」として後進の育成に当たっている。

夫人自身、戦後保守主義政治運動の草創期からの活動家として講演などに忙しい。カークの主著『保守主義の精神』（一九五三）刊行から五十年を迎えた二〇〇三年秋には、ホワイトハウスから内部関係者だけを対象にした講演に招かれている。

そのアネット夫人が食事をとりながら、ふと漏らした。「わたしたちは、いまは少数派です」。

ラッセル・カーク（写真提供：The Russell Kirk Center）

「わたしたち」とは、「伝統主義者」と俗称される保守派グループである。カークらを起点とする戦後米国保守主義の一潮流だ。

このグループが登場した一九五〇年前後には、本格的な意味での保守思想を身につけていたのは彼らだけであった。保守主義者が伝統（トラディション）を重視するのは当然のことであり、保守派の一部が他の潮流と区別され、あえて「伝統主義者」と呼ばれていることにアメリカの保守主義の特異性がある。

自分たちが戦後保守主義運動を立ち上げた。六〇年代にゴールドウォーター共和党大統領候補を担ぎ出し、挫折しながらも八〇年代に米国戦後保守政治の総決算であるレーガン政権を生み出す原動力となった。そう自負するアネット夫人にとって、今日、その「伝統主義者」らが置かれている位置には納得できないものがあろう。

夫人が、かつての主流派「伝統主義者」をいまでは少数派であると感じるのは、ワシントン政治での思想潮流としての、いわゆるネオコンの当時の隆盛のせいであった。ただ、カークがまだ存命していたならば、自分の思想的な仲間が「少数派」になっていることを夫人のように嘆いたかどうか疑わしい。カークは「少数派」であることが保守主義の本質の一部であると考えていたふしがある。自らの著述でバークから詩人・批評家のT・S・エリオットまで、英米をまたぐ思想的伝統としての保守主義を跡付けた。それが多数派のものとなるとは思ってもいなかったし、たぶん望んでもいなかったことが著述のあちこちにうかがわれる。

保守派の中では少数派となった「伝統主義者」ではあるが、カークは戦後保守主義の思想的生みの親として依然、ひろく米国の保守主義者らの敬意を集めている。だが、その彼の次のような性向には、あまり目が向けられていない。

「プロローグ」にも記したように、自伝『想像力の剣』などによると、カークは真珠湾攻撃直後の日系米人強制収容に激怒し、第二次大戦中の四四年大統領選では、戦争に反対し続けていた社会党候補ノーマン・トマスに投票している。「ヒロシマ・ナガサキの衝撃」は米国民に新たな「謙虚さ」を教えたはずだと考えていた。

一九九一年の湾岸戦争には当初から反対していただけでなく、開戦で「文明揺籃の地」イラクを絨毯爆撃し、二十数万人の命を奪ったブッシュ（父）大統領を「毛嫌いするようになった」。

9・11テロ以降、人権無視で憲法違反の疑義もでるような「愛国者法」導入を主導し、アラブ系米市民が理由もなく次々と拘留されるのを認め、反戦運動を「非愛国的」と非難し、ヒロシマ・ナガサキへの原爆投下は正当な戦闘行為だったとみなす今日のアメリカの自称保守主義者らは、戦後保守主義運動の出発点にあった、このような「思想のかたち」を理解できないだろう。

ただ、思想史のドラマの主要な役者たちは、互いの舞台上の位置をしっかり見据えている。

アービング・クリストルは、「アメリカ気質」の保守主義を創り出したとする二〇〇三年八月のエッセーで「ネオコンはラッセル・カークの王党派的郷愁に知的教導を求めたりしない」と述べて、きっぱりと「伝統主義」と、絶縁を宣言した。新しい（モダーンな）保守主義が生まれたと考えたからだ。ただ、それは保守主義本来の誕生の経緯を考えると形容矛盾である。

一方のカークは生前、ネオコンを次のように批判している。

「彼らは、画一化された退屈な標準化された世界をもたらそうとしている。アメリカナイズされ、産業化し、民主化し、論理化された、あきあきするような世界だ」

この保守思想家が否定しているもの（アメリカ化、産業化、民主化、論理化）は、進歩の世界であり、それこそがネオコンが象徴するものだといっている。

では、伝統主義者カークはいかなる信条を持っていたのか。

「冷戦」で脚光を浴びた思想

「彼の精神は啓蒙主義の精神ではなかった……それはゴシック風精神であり、気質も構造も中世風であった……彼が追い求めたものは多様性であり、謎であり、伝統であり、神さびて崇高なるものであった」

カークが晩年に三人称で書いた自伝で、思想遍歴を始めたころの若き日の自らの精神の姿を描写した一節だ。これは筆者が出会った晩年のカークの精神の姿でもあった。

戦後間もなく、彼が試みたのはアメリカの思想風景を変えることだった。ただ、はじめから、一種の敗北感を抱いていた。それは、初期の代表作『保守主義の精神』のタイトルを、本当は「保守主義の潰走」としたがっていたことにもうかがえる。それから三十年を経て、米国はレーガン時代以降、保守主義隆盛の時代に入る。その中で、カークは思想的バックボーンをつくった「大御所」とみなされるようになった。しかし、一九九四年のその死に至るまで、どこか「居心地の悪さ」を感じ続けていた。

カークが論壇にデビューした一九五〇年代初めのアメリカには、文芸評論家で進歩派の泰斗ライオネル・トリリングが「リベラリズム（自由主義、進歩主義）が優位なだけなく、唯一の知的伝統だ」と宣言するような状況があった。保守主義を不可能とするような思想風景だった。

アメリカは自由や平等といった理念で生まれた国だから、仮に保守主義が成立したとしても、そうした（啓蒙思想に基づく）建国の理念を「保守する」ものにすぎない。そう考えて、アメリカの政治伝統すべてを「リベラリズム」の枠組みでとらえようとする論調に勢いがあった。そうでない保守主義といえば、マッカーシズムの憑かれたような反共産主義や、大企業の活動に有利な市場万能主義を指すだけだった。公に語られる保守側の思想は実に貧困だったのである。

実際は、二つの大戦による未曽有の破壊とその間の大恐慌という経験を経て、「近代」が歩んできた道に疑念を示すような本当の保守主義と呼べる思想潮流が、細々とながらも米国にも生まれていた。しかし、ルーズベルトからトルーマンへと民主党の進歩派政治が約二十年続いた知的環境の下で、ほとんど気にも留められていなかった。

それを『保守主義の精神』の出版で一気に開花させたのがカークだった。戦後米国の論壇は、初めて隆盛の「リベラリズム」に対抗するに足る知的な活力を見いだした。リベラル派の『ニューヨーク・タイムズ』紙が書評で大きく取り上げたのも、そのせいである。しかし、アメリカには本来そぐわないような保守思想家カークとその著書が受け入れられた背景は、なんといっても冷戦の激化だ。

共産主義との境目があいまいな進歩主義や、「反共」と市場経済万能主義だけの脆弱な保守主義には、共産主義に対峙し屹立するような力はなかった。冷戦を戦うためのより確かな保守の思想基盤を当時のアメリカは求めていた。

フランス革命批判のエドマンド・バークや米国建国期の「父祖」の中でも見過ごされが

ちだったジョン・アダムズに立ち返ることで、それを示したのがカークだった。次のようなエピソードはそうしたカークの思想のかたちと同時に、「政治と思想」について考えるうえで示唆に富んでいる。

ニクソンに薦めた一冊の本

一九七二年四月。カークは時の共和党大統領ニクソンに請われ、ミシガンからホワイトハウスに遠路出向いた。三月末、北ベトナム軍は大挙して北緯十七度線の非武装地帯を越え、南進を始め、南ベトナム軍は潰走状態となった。米国内では都市の荒廃と暴力犯罪増、麻薬の蔓延が深刻化している。ホワイトハウスの周りでは反戦デモが続き、カークが招き入れられた大統領執務室にも怒号が聞こえた。

「米国は頽廃のうちに衰退していくのか」

ニクソンが求めたのは具体的な政策アドバイスではなく、根源的な問いへの答えだった。

「カーク博士、いったい希望はあるのだろうか」

「それは人々が何を信じているかによる。人のつくる制度で永遠に続くものはない。しかし、米国はまだ若い国家だ。現在の難局を乗り越え、偉大な時代をこれから迎えるかもしれない」

約四十分に及んだこうしたやりとりの最後にニクソンはたずねた。

「いま読むべき本が一冊だけあるとすれば、それは何だろうか」

政権きっての知識人キッシンジャー補佐官らにきいても、十冊以上のリストが返ってくるだけ。「そんな時間はない」とニクソンは言う。

カークは即座にT・S・エリオットの『文化の定義についての覚書』（一九四八）を挙げ、「二〇世紀において文化が直面する根源的な困難について触れている」と説明した。

カークと会った夜、果敢にもニクソンはホワイトハウスを出て、ほど近いリンカーン大統領記念廟に行き、その一帯に集まっていた反戦デモ隊と対話を始めた。カークの死後に出版された自伝『想像力の剣』には、そう記されている。

カークとエリオットは五〇年代以来、親交があった。『保守主義の精神』に目を留め、英国での出版を仲介したのがエリオットだ。カークは、文明を近代合理主義の果ての自滅から救うのは、エリオットのような詩人の力ではないか、と考えていた。救済のカギとなるのは「道徳的想像力（モラル・イマジネーション）」だと説いた。これはバークの言葉だ。

「道徳的（モラル）」とは「高い精神性を持った」という意味に近い。道学者の道徳ではない。個人の体験や合理的思考を超えて、人を社会の秩序へと直観的に導く精神の力が「道徳的想像力」だ。この力により人は野蛮を脱し、近代以前から続く文明の本質に結び付く。そうした力は「詩や芸術において、より高度に発揮された」（カーク『エリオットとその時代』)。

『保守主義の精神』の最終章は「詩人としての保守主義者」と題され、カークが若き日から親交を結んでいた詩人エリオットを引きながら保守思想を語ろうとしている。「政治家に決して劣ることなく、偉大な詩人は国民を動かす。たとえ人々の大半が詩人の名を知らずとも」。

アメリカにそぐわない思想家

カークはどこかしら、アメリカにそぐわない思想家である。

『保守主義の精神』の中でカークは米哲学者ジョージ・サンタヤーナ(一八六三―一九五二)を論じて、次のように述べている。「サンタヤーナが描いたような、際限なく抑圧的で単調さに覆い尽くされた未来がすぐにもやって来るかもしれない。それを『共産主義』と呼ぼうが、『アメリカ式生活』と呼ぼうが。アメリカの新しい保守主義者は(共産主義)ロシアを抑え込む以上に難しい仕事を成し遂げねばならない。自ら(アメリカ)を抑え込む仕事だ」。

カークは共産主義を排撃しただけでない。共産主義に対峙するような思想を探る中で、自由主義に基づくアメリカニズムにも、文明を破壊するものとして常に厳しい批判の目を向けていた。保守主義の本質を考えれば納得できる。共産主義もアメリカニズムも、結局はともに「近代」の所産だからだ。

カークが批判したのは「自由主義、集産主義、功利主義、実証主義、個人主義、プラグマティズム、社会主義、資本主義」と、およそ近代が生んだすべてに及んだ。カークと交流を持った思想史家ジョージ・ナッシュは、そう書き記している。すなわち、アメリカが信奉するもののほとんどすべてである。

そうしたところまで沈潜することで、冷戦を勝ち抜く思想をすくいあげてくる。アメリカは自らをも否定するような思想を中心に据え、反撃していったといえる。冷戦時代の思想のドラマのイロニーだ。

アメリカを否定するような思想は、カークの生活にも見事に反映していた。

彼はアメリカ文化の象徴である自動車を「機械式ジャコバン党員」とたわむれに呼んで、嫌った。自らは運転しようともしなかった。フランス革命で恐怖政治をしいたジャコバン党の強制した平等、大量生産の自動車が強制する平準化した生活。いずれもカークの嫌悪の対象であった。

アメリカ人の特徴ともいわれる引っ越し好き、職業を含めた移動癖とも無縁であった。ミシガン州深奥部の自らの生地にほど近い小村メコスタの祖父の家を伯父から引き継ぎ、生涯、他所には移り住まなかった。そして、在野の思想家として一生を終えた。

家の広い敷地には自らの手で「執念のように」木を植え続けた。カークのもとで学んだ学生の一人は「一帯を開拓した祖先たちが木々を切り倒したのを埋め合わせるかのような、たった一人での森林再生活動であった」（W・ウェズリー・マクドナルド『ラッセル・カークとイデオロギーの時代』）と回想している。

実際、彼は鬱蒼たる森林を取り戻すようにして、アメリカや共産主義に象徴される「近代」がなぎ倒し続けてきたものを「執念のように」回復しようとしていた。

こうしたカークの思想的営みは結局、根無し草のように「近代」を上滑るアメリカを英国、そして欧州、さらに世界文明の「伝統」につなぎ直すことにあった。

ネオコンの泰斗アービング・クリストルが、アメリカは新しい保守主義を創り出したと宣言し、「ネオコンはラッセル・カークの王党派的郷愁に知的教導を求めない」と述べたのには訳がある。ここでいう「王党派（トーリー）」とはアメリカ独立革命当時、英国側についた人々を指す。カークは英国（欧州）としっかり結び付いた米国を、夢見るように懐かしがっている。そう批判しているのだ。

この批判にはネオコンの本質が透けて見える。彼らは、アメリカは欧州の「旧世界」と隔絶した「新世界」だと考える。新しい理念で生まれたこの国には別の使命があると見る。「アメリカ例外論」ともいわれる。アメリカの伝統的な考えだ。アメリカには「リベラリズム」の伝統しかなく、欧州のような保守主義は成立しないとする、ライオネル・トリリングのような考え方もこれと通底している。「欧州とアメリカが同じ世界観を持っているふりをするのはやめよう。同じ世界に住んでさえいない」と説いて、大西洋両岸の論壇を揺るがしたロバート・ケーガンの著書『ネオコンの論理』(二〇〇三、原題『天国と力について』)も、同じ古い系譜だ。実は、こちらこそがアメリカ思想史を貫く古くからの一般的な考え方で、カークのような欧州的「伝統主義」がアメリカ思想界で力を得たのは、冷戦という特殊な事情による。つまり、「近代」の生み出した革命の狂気との戦いに、米国と欧州が手を結ばなければならなかったという状況である。欧州や世界をないがしろにする、アメリカでは一般的な「例外主義」が跋扈《ばっこ》すれば、カークのような思想は脇に追いやられる。

「伝統主義者」と呼ばれたが、カークは実はアメリカでは新しい思想家だった。生涯つきまとった「敗北感」「孤立感」はそうした背景による。

しかし、カークが残した知的な「遺産」は大きい。いまでも保守主義を考えながら政治の世界を目指すアメリカの若者は必ず彼を通過していく。複雑な思想家であり、「近代」を突き進む世界の中でアメリカを「孤立主義」へと誘う面もあれば、逆に文化的に多様な世界へアメリカを導く力も持つ。

第二章

ネオコンの始祖
——ノーマン・ポドレッツ（一九三〇—）

「世界で一番長い旅路は、ブルックリンからマンハッタンへの旅路である」

この一節を目にした時の衝撃は忘れられない。一九七〇年代のはじめだった。日本ではまだ大学紛争の余波が続き、アメリカもベトナム戦争、人種問題などで揺れ続けていた。一九三〇年生まれのノーマン・ポドレッツは、気鋭の文芸評論家として当時の日本に紹介されていた。そのポドレッツの第二作目。自叙伝に託した時代評ともいえる秀作『メイキング・イット（成功する）』（一九六七）の書き出しが冒頭の文章である。

ニューヨークの下町ブルックリンから、ブルックリン大橋でほんの数百メートル。イーストリバーを渡れば、アメリカ繁栄の象徴であるマンハッタン島に入る。だが、ユダヤ移民の子であるポドレッツや、近所のイタリア移民や黒人の子にとって、それは「世界で一番長い旅路」だ。

「すごいひらめきを得た。負け犬になるより成り上がり者になったほうがずっといいのだ」。カネは重要だ。権力が欲しい。名声は「たとえようもなく甘美だ」。

ポドレッツは臆面もなくエゴを語り出す。実業家の成功物語ではない。ポドレッツは進歩派（リベラル）の泰斗とされていた文芸評論家ライオネル・トリリングの薫陶を受け、英ケンブリッジ大に奨学金で留学し、政治哲学者ハンナ・アレントや、のちにノーベル文学賞を受ける作家ソール・ベローらと交わる気鋭の評論家だった。その彼がつむぐ自身の物語と知識人らの現実。

時代は、ベトナム反戦運動を軸として「アメリカ的なもの」すべてへの反対の声であふれ返っていた。あとから「一九六八年革命」とも呼ばれるようになった異形の過激理想主義の最高潮を迎える直前であった。そうした時代背景だからこそ、「メイキング・イット」の衝撃があり、反発も起きた。

ポドレッツはいまでは、一九二〇年生まれの評論家アービング・クリストルとともに「ネオコンの始祖」などと呼ばれる。クリストルが「ゴッドファーザー」なら、ポドレッツは「長老」とされたりする。ともに、アメリカの単独主義外交を支え、二〇〇三年春に始まったイラク戦争を唱道した知識人グループの領袖だとされる。

ネオコンとは、いったい何なのか。

新保守主義者（ネオコンサーバティブ）と呼ばれる思想グループが、9・11テロ以降の米外交を一時牛耳ったといわれる。いつの頃からか、略してネオコンと呼ばれるようになった。イラク戦争の泥沼化で影響力を失ったともいわれるが、米外交を依然操っているともいう。だが、その実態は鮮明な像を結びきらない。ネオコンという言葉自体、いまではタカ派あるいは好戦的という形容詞の代用になってしまったようでもある。ジョージ・W・ブッシュ大統領やチェイニー副大統領をネオコンと呼んだりするのは、その一例だ。

名称の使い方に明確さを欠くだけではない。内実も分かりにくい。

ネオコンは一九六〇年代後半から七〇年代にかけ、進歩派（リベラル）政治に幻滅し、保守化していった転向知識人の一派を指すといわれる。当初は「ザ・ファミリー」と呼ばれるニューヨークのユダヤ系を中心とする知識人グループのうち、そうした転向をした人々とされた。

しかし、いまネオコンと呼ばれるのはユダヤ系に限らない。転向組でもなく、初めから保守派だった人も多い。世代交代も起きた。そもそも、いまだに「新しい」という接頭辞を付けて呼ぶネオコンなどというのが存在するのだろうか、という疑問もある。

その始祖とされるポドレッツは一九九六年、「新保守主義（ネオコンサーバティズム）は死んだ」と宣言した。もはや保守本流になったから「新（ネオ）」をつけた「特別な名」で呼ぶ必要はなくなったと主張した（エッセー「新保守主義・弔辞」）。クリストルもその前の年、ネオコンは「より大きく、広い保守主義の中に飲み込まれ」、アメリカの保守主義全体の活性化に成功した、と総括した（エッセー「自伝的回想録」）。

「ネオコン元年」は一九六五年

いまでは広く知られるように、クリストルは戦前のトロツキスト、ポドレッツは五〇年代には進歩派（リベラル、但し「反共」であった）、六〇年代のある時期までは「ラディカル」と分類されていた。彼らは本当に保守派にくら替えしたのか。それとも、もしかしたら「転向」を装う彼らに乗っ取られて、アメリカ保守主義の方が変質したのか。

こうした疑問を解くカギを与えてくれるのは、二人のネオコン始祖のうち「より大きな思想的影響力を持った」（ジョージ・ナッシュ）とされるポドレッツだ。最近のネオコンは特に、本格的著作を持つ人は少ない。最近に限らず、クリストルでさえ、著作といえばエッセーや講演をまとめたものがほとんどだ。しかし、ポドレッツは文芸評論集『行為とやり直し』（一九六四）に始まり、これまでで十冊の著作を持つ。『メイキング・イット』と、その十二年後の続編『ブレイキング・ランクス（隊列を去る）』（一九七九）は、自叙伝のかたちを借りた現代アメリカ思想史のドラマとして読める。ネオコンを生み出した「ニューヨーク知識人」と呼ばれる一群の人たちの、生きてうごめく姿が活写されている。

新保守主義（ネオコンサーバティズム）はいつ始まったのか。一度は長老により「弔辞」さえ書かれたネオコンが9・11テロ後に世界中を引っ掻き回したのはなぜか。それらを考えるには起点に戻ってみる必要がありそうだ。

現在使われている意味でのネオコンという言葉は、社会主義者の論客マイケル・ハリントンが一九七三年に雑誌『ディセント（異議）』上で、揶揄の意味を込めて使ったのが最初とされる。（マイケル・ガーソン「ネオコンサーバティブ・ビジョン」）。ただし、ポドレッツの「弔辞」によると、一九六〇年代後半には使われていたという。もちろん、名称以前に実体があったわけだ。

ネオコンの実体を進歩派（リベラル）から保守派への「転向」の行為そのものに始まると考えると、七二年が起点となりそうだ。この年の大統領選では、新左翼も巻き込みベトナム反戦を旗印にしたジョージ・マクガバンが民主党大統領候補となった。ポドレッツ、クリストルらは「民主党にはわれわれのようなものを受け入れておく余地がなくなった」（クリストル）とみて、「よりましな悪」として、再選を目指すニクソン大統領に票を投じた。

反戦運動と、それを取り巻く麻薬など反体制文化の中に、ポドレッツらは、新左翼が「アメリカに関するすべて――政治制度、経済システム、文化――に対し、ますます暴力的なまでの敵意を募らせていった」（『ブレイキング・ランクス』）のを見た。進歩派が行き着いた先に強い違和感を抱いていた。

七二年に、ポドレッツは保守論壇の大御所とされたウィリアム・バックリー（第十章参照）と書簡を交わし始めている。ニクソンへの投票とともに、重要な「転向」といえる。

では「転向」という行動を準備する「思想」の変質はいつごろ起き出したのか。その視点に立つと、さらにさかのぼって六五年がネオコン元年のように見える。ポドレッツが「六〇年代後半にはネオコンはすでにいた」というのも、納得できる。

この年、労働省高官としてジョンソン政権入りしていた少壮学者D・P・モイニハン(のち国連大使、民主党上院議員、一九二七―二〇〇三)が「黒人家族」と題された内部報告書をまとめた。「貧困との戦い」を進める中で、福祉依存症ともいうべき病弊が生じ、黒人の家族が崩壊していく様を大胆にえぐり出した。ケネディ―ジョンソン政権の内政面での理想主義的政策の効果に懐疑の声を上げた。同じ年、人種問題・犯罪・福祉政策など専門に扱う理論誌『パブリック・インタレスト(公益)』が創刊されている。

同誌はクリストルとダニエル・ベル(のち『資本主義の文化的矛盾』などを著す)を共同編集長とし、モイニハン同様に冷徹な視点で政策の検証をしていく。やがて、ポドレッツが編集長を務めるオピニオン誌『コメンタリー』と並んで、ネオコンの思想形成の場となっていく。自分たちの理想主義の行き過ぎを「現実主義」で抑え込んでいこうと、進歩派の一部が理論づくりを始めた。そこに六五年の二つの出来事の思想史的な意義があった。

現実に目を背けないモイニハンのような意見は、今日のアメリカでは「常識」として受け入れられている。しかし、当時は人種差別撤廃運動の高揚と左翼隆盛の思潮のなかで、「差別主義」とのレッテルを貼られ、排撃された。

この六五年の胎動をもたらす土台をつくったのが、ポドレッツの著作活動だ。

核心を突く「衝撃性」が特徴

「わが、そしてわれらの黒人問題」。ポドレッツ自身が編集する『コメンタリー』誌の六三年二月号に掲載されたエッセーは大きな反響を呼んだ。アメリカ文学史上の事件でもあったこの作品を、あえてネオコンのドラマの「始点」としたい。

「黒人が怖かった。心の底から憎んだ」

黒人が迫害にあうのでなく、ユダヤ人やイタリア人移民が黒人の暴力にさらされて日々を送るブルックリンでの子ども時代をポドレッツは描く。体験から来る「恐怖と憎しみ」を告白するように語りながら、ポドレッツは人種差別問題の根源的解決法を探ろうとする。それは冒頭に挙げた『メイキング・イット』が与えた衝撃の原点だ。「わが、そして……」の四十年後に出るロバート・ケーガンの著書『ネオコンの論理』が広げた波紋にも通じるものがある。

時代の思潮に抑え付けられ、知識人が目を背けて口にしないこと。それを語り出すことで、論議の地平を広げ、さらに位相を変える。ポドレッツの思想の力はまずそこにあった。「衝撃性」がネオコンの一つの特徴になった。

「明晰さとは勇気だ。勇気とは明晰さだ」。若き日のポドレッツはそう言い、彼が引き起こす論争は、必ず核心に切り込んでいった。その核心は、往々にして時代の思潮に抑え付けられ、覆い隠されていたりしたものだった。

ベトナム反戦、麻薬による幻想などを賛美する反体制文化、新左翼運動が隆盛の一九六七年。多くの知識人がアメリカ的なるものすべてに敵意を示していた世相に対し、ポドレッツは真正面からもっとも「陳腐」なアメリカの価値観をぶつけてみた。カネ、権力、名声。これらを求める「成功欲」こそが、知識人さえも動かす「アメリカの現実」だと喝破してみせた。小説に託すのでない。ひとごととして批評の対象にするのでもない。自叙伝として語ることで、ポドレッツは知識人として「アメリカを引き受ける」覚悟を示したのだ。それが、『メイキング・イット（成功する）』だ。

ラディカルから新保守主義（ネオコン）へ転向していくポドレッツは、時代に向かってなぜこうした問いかけを行ったのか。初期のもうひとつの重要なエッセー『偏狭なるボヘミアン』（一九五八）が、ヒントを与えてくれる。二十代の新進文芸評論家ポドレッツは、詩人アレン・ギンズバーグを軸に当時隆盛だったビート・ジェネーレーションの反体制文化に対し痛烈な批判を加えた。

麻薬や放縦なセックスを通してアメリカの「私有財産制度や中産階級」に挑戦するというビートの論理。それは「精緻よりも錯乱」「知よりも無知」が優位だとし、「『直感』の名のもとで行われるなら、さもしい暴力行為も正当化する」（『偏狭なるボヘミアン』）。若き進歩派文芸批評家ポドレッツはそうした論理に真っ正面から挑みかかった。「詩人」ギンズバーグの才能は認める。しかし、彼が広げていく「ものの考え方」は許さない。特に小説『路上』で名声を確立したビート小説家ジャック・ケルアックのような「亜流」は罵倒の対象だ。

ノーマン・ポドレッツ（写真提供：Jon Naso/NY Daily News Archive/Getty Images）

アメリカ文化批判を許さないのではない。エッセーの中で、ポドレッツ自身、五〇年代の「中産階級の無気力な生活」こそ青少年の非行につながっていると批判してもいる。こうして、進歩派知識人としてのポドレッツが勇気を持って語り出したことや、批判したことから、当時、彼が守ろうと決意を固めたものの姿が見えてくる。それを読み解くことが、ネオコンの思想遍歴を知ることにもつながる。

それから四十年近く経ってのポドレッツのエッセー「新保守主義・弔辞」（一九九六）は、彼が守ろうとしてきたものを、一層はっきりと示している。「ネオコンは、アメリカ社会がよってたつ価値観と制度への知的、精神的な信頼を立て直す作業にとりかかった」。その価値観とは「ブルジョワ民主主義秩序」だと断言する。かみくだいていえばアメリカ中産階級文化ということだ。「世界で一番長い旅路は、ブルックリンからマンハッタンへの旅路である」という一節で始まるポドレッツの「自分探し」の到達点は、そこだった。

週給六十ドルの貧しいユダヤ移民の牛乳配達人の子が、大きな影響力を持つ論壇誌『コメンタリー』編集長にはい上がり、ついには保守論壇のスターになる。そうして、移民の下町ブルックリンから繁栄の象徴マンハッタンに文字通り移り住み、アメリカ中産階級に取り込まれる。それを可能にしたのは「アメリカ社会がよってたつ価値観と制度」だと思いなす。

それはポドレッツ一人だけが歩んだ旅路ではない。

彼の祖父母や父母は、第一次大戦前夜と直後に、相次ぎ混迷の東欧から迫害と飢餓を逃れ、移民受け入れの玄関口であるニューヨーク・エリス島にたどり着いている。豊かさがすぐ待っていたわけではない。貧困のうちに大恐慌と次の大戦をくぐり抜ける。ポドレッツの代になってはじめて大学教育を奨学金でやりくりする。貧しいが才能あるポドレッツをニューヨークの名門コロンビア大に送り込む奨学金を出したのは、新聞王となった東欧からのユダヤ系移民ピュリッツァーの基金だ。近代アメリカを舞台とする「成功の連鎖」だ。

アングロサクソン系以外の、貧しく差別を受けていた移民たちが、二代目、三代目には中産階級へとのぼりつめる。それが、南北戦争で奴隷制を廃した後、近代産業国家として生まれ変わっていく一九世紀後半以降の、特に二〇世紀のアメリカの姿だ。ポドレッツがやや教条的な言葉遣いで「ブルジョア民主主義秩序」というのは、そうしたアメリカにほかならない。

ネオコンは「近代主義者」

移民がはい上がっていくのを可能にしたのは、多くの欠陥を抱えながらも進む二〇世紀アメリカ型の資本主義であり、自由であり、民主主義だ。ネオコンとは詰まるところ、それを擁護し、欠陥に修正を加えながら維持していこうとするアメリカ「近代主義者」だ。伝統破壊も含め驀進していく近代国家アメリカのダイナミズムを引き受け、一緒に進もうとする者たちだ。

それを進歩派（リベラル）と見るか、保守とみるか。難しい問いだ。

まだ二十代の『コメンタリー』編集者で進歩派とされたころ、ポドレッツはその「秩序」に批判的だった。目指すアメリカ中産階級が五〇年代の繁栄の中で無気力に陥っているのを見てのことだった。ただ、そうした欠陥修正へ向けた批判ではなく、「この国の人々の生き方そのものへの憎悪の表出」（「新保守主義・弔辞」）にぶつかると、ポドレッツは果敢に反撃に出た。アメリカ中産階級を全否定するような、ビートから始まる反体制文化（カウンターカルチャー）とは一貫して戦ってきた。

ポドレッツ自身が中産階級知識人の頂点近くにどっしりと座りだしたころ、「アメリカ社会がよってたつ価値観と制度」は、外部からの危機に激しくさらされた。ベトナム戦争での敗北（一九七五）、ソ連のアフガン進攻（一九七九）、戦略面だけでなく文化的にも共産圏に攻め込まれる。「ベトナム症候群」に襲われ、内向きとなり（ポドレッツから見て）無気力が続くアメリカに、ショック療法のようにして彼が与えた著書が『なぜわれわれはベトナムへ行ったか』（一九八二）だった。共産主義を抑え込むという「高貴な大義」のために戦った。「ナチズムと対決した戦争と道義的には同じだ」。正しい戦争だった、と論陣を張った。ベトナム戦争での一般市民犠牲者の比率は朝鮮戦争に比べはるかに少ない。市民の犠牲の多くは米軍ではなく、ベトコンと北ベトナムによる。ソンミ村事件のような米軍による虐殺は例外だ……。

今日の新世代ネオコンは、このポドレッツの論法を引き写すようにして、イラク戦争擁護に使った。『なぜわれわれは……』が著されたころには、戦後アメリカ保守政治の総決算であるレーガン政権が誕生し、ポドレッツを始祖と仰ぐネオコンは政権中枢に入り込み、その思想の実現が進み出していた。そうした時代背景の中で、ポドレッツの著作は「はい上がる移民世代」の斬新な衝撃性を失い、やがて政権を支える中産階級知識人の弁明のようにしか聞こえなくなり出した。

冷戦が終わってしばらくたった九六年、ポドレッツが「新保守主義は死んだ」と宣言したのは、ネオコンが保守本流になって、「新（ネオ）」と呼ぶ必要がなくなったからだけではない。本流になることで、「攻め入る思想」の活力を失ったと自覚したからだ。

その自覚とともに、著作も陳腐化していく。『メイキング・イット』の老年期版のようにして書かれた『アメリカとのわが恋愛』（二〇〇〇）。巻頭にはアメリカ第二の国歌といわれる「麗しのアメリカ」の歌詞が掲げられた。自分の家族を含めた移民の成功物語から説き起こすが、「アメリカでしか起きない（Only in America）」という陳腐な一節に、若き日のように斬新な響きを込めることはできなかった。

六〇—七〇年代に現れた新保守主義は、当時の保守派と進歩派の間の隘路《あいろ》で異議申し立てを行う、知的活力に溢れた知識人集団の斬新なアメリカ近代主義思想だった。それがレーガン時代と冷戦終結を経て、保守政治の本流の中に組み込まれていくなかで、あやのない直截なアメリカ・ナショナリズムへと変じてしまった。

ネオコン思想の力は、ニューヨークの下町のユダヤ人街（ゲットー）で生まれた若者たちが、家ではイディッシュ、公立学校では英語と二つの言語を使い、ユダヤ人の両親が求める伝統的生活と、自分が目指すアメリカ社会での中産階級としての生活とのギャップに苦しみ、父母と別れ、結局アメリカを選択する「過程」そのものの中にあった。一九三〇、四〇年代のそうした「二重生活」は、転向前の彼らをさまざまな革新思想に惹き付けるとともに、革新思想の中にある権力構造にも敏感に反応させた。また、ユダヤ人としての自分たちの回りの環境を生み出した世界史にも目を向けさせた。

9・11テロ後のアメリカで、ネオコンは再びクローズアップされる。しかし、前面に現れた新世代は「アメリカの理想をアメリカの力を使って広めるのがネオコンだ」(若手論客マックス・ブート)と主張した。二〇世紀前半のアメリカで貧困からはい上がっていった移民の子らが知識人となって、人種関係や文化のあり方について悩み、格闘していった姿を映すものは、そこにはなかった。ネオコン新世代の代表とされるアービング・クリストルの息子ウィリアム・クリストル(一九五二―)やポドレッツの息子ジョン・ポドレッツ(一九六一―)らには、アメリカとの同化に苦しみながらゲットーを抜け出していくようなプロセスはない。革新思想との内面的な格闘もない。

ノーマン・ポドレッツが年老いてたどり着いた、あやのないアメリカ・ナショナリズムが彼らの出発点だ。こうした新世代を父親たちの世代のネオコンと同一視するのは明らかに間違いだ。

第三章

キリスト教原理主義
――J・グレシャム・メイチェン（一八八一―一九三七）

アメリカには福音派（エバンジェリカル）と呼ばれる熱心なキリスト教のプロテスタント信者が推定八千万人はいるという。なかでも信仰上の主張を攻撃的に行う人たちは「キリスト教原理主義者（ファンダメンタリスト）」と呼ばれている。

息子ブッシュ政権を支えたのは、第二章で取り上げたネオコン（新保守主義者）と宗教右派勢力だとみなされた。宗教右派とは、福音派・原理主義者の別称だ。宗教保守とも呼ばれる。共産党の組織にたとえれば、ネオコンが前衛の思想・政治指導部で、宗教右派が手足となって動く大衆党員というイメージだ。世界のジャーナリズムは、9・11テロ後のアメリカ政治をそのような構図で理解し、伝えようとした。国のトップに立つブッシュ大統領自身が福音派を自任していた。ジャーナリズムは政策知識人集団としてのネオコンと、彼らに操られる、大統領も含めた無知蒙昧な熱狂的キリスト教信者という図式を描いて見せた。

熱心なキリスト教信者らを無知蒙昧扱いさせる要因となっているのは、たとえばアメリカ各地で繰り返し起きている進化論教育をめぐる論争だ。

ダーウィンに始まる生物進化論は、旧約聖書に描かれる天地創造と相容れない。進化論はいわば「邪説」だから、学校できちんと聖書に基づく創造論を教えてほしい。進化論は単なる「仮説」だと教えてほしい――。熱心なキリスト教信者の親たちはそう訴え、論争は各地で裁判にまで持ち込まれたりしている。

もっと洗練されたかたちの論争もある。科学が解き明かす生物の進化も含め、精巧に動くこの宇宙には何らかの外からの力が働いている。創造主の力が大きく覆っている。少なくともそのように子どもたちに教えてほしい。「インテリジェント・デザイン（知的存在による設計）」と呼ばれる考え方だ。近代科学を知れば知るほど、その限界を感じるから、一方的な創造論より説得力を持つ。

実は、こうした論争はアメリカでは、一世紀近く絶え間なく起きてきた。息子ブッシュ政権と宗教保守との関係が注目を浴びた中で、あらためてアメリカのマスコミが各地での訴訟などを紹介したことから、世界中が注目するようになった。それを紹介するアメリカのマスコミの視点、さらには、その視点を通じて福音派や原理主義者の動きを見る世界の目には、あきらかに嘲りの調子がうかがえる。進化論をめぐる論争や訴訟が起きるアメリカの南部や中西部には、恐ろしく無知な人たちがいるものだ……というようなトーンだ。

だが、果たして、アメリカ的な無知の表出だというだけで済ませられることなのだろうか(アメリカの政治史学者リチャード・ホーフスタッター(一九一六―七〇)は『アメリカの反知性主義』でそのように断じているが……)。宗教思想史の視点で、キリスト教右派の問題を見てみると、アメリカ独特ではありながら、考えようによっては歴史的で根源的な「思想闘争」の姿が見えてくる。その奥深くに目をこらすと、二〇世紀初頭を生き、のちのキリスト教福音派指導者らに大きな影響を及ぼした「知の巨人」の姿が浮かび上がってくる。

マースデン教授の回想

今日のアメリカには、その宗教状況を知るうえで注目すべき宗教史・宗教思想学者が何人かいる。そのひとりはノートルダム大学(インディアナ州)教授のジョージ・マースデンだろう。マースデンはアメリカの福音派・原理主義研究では、だれしもが認める第一人者だ。二〇〇三年に彼が著した浩瀚《こうかん》な『ジョナサン・エドワーズ伝』は多くの賞を総なめにした。エドワーズはアメリカ独立前の一八世紀を生きたプロテスタントの牧師である。当時のキリスト教信仰復活運動の中心にいて、アメリカ福音派の原点となった。いまや、アメリカ思想史上の最も重要な人物のひとりとみなされるようになってきている。

マースデンには、このほか『原理主義とアメリカ文化　二〇世紀福音主義の形成　一八七〇―一九二五』（一九八〇）、『原理主義と福音主義を理解する』（一九九一）など、今日のアメリカの宗教状況を理解するうえで重要な基礎となる著書が、いくつもある。

アメリカの宗教状況を単に大衆の「無知」に帰するだけでは、なにも分からない。宗教思想史的な理解を深める必要がある。そう感じて、インディアナ州北部サウスベンドのノートルダム大にマースデン教授を訪ねてみたのは二〇〇五年の春のことだ。

期待通り進んだ長時間のインタビューの最後に、半ば質問、半ば意見として、どうしても教授に聞いておきたいと思っていたことを切り出してみた。二〇世紀初頭、プロテスタント福音派の間から原理主義（ファンダメンタリズム）が勃興してくる時代に長老派教会保守派のリーダーとなった神学者J・グレシャム・メイチェンのことだ。

さまざまなプロテスタント教会指導者や神学者が登場するマースデンの著作の中で、メイチェンはまるで叙述の中から立ち上がってくるような不思議な力を持って描かれている。それはメイチェンという神学者自身の思想の力なのか、それとも教授の筆致のせいなのか。

たとえば、八〇年代のマースデンの論文集成である『原理主義と福音主義を理解する』のなかで最も力強く迫ってくるのは、巻尾に収められた「メイチェンを理解する」という小論だ。マースデンは、そこでメイチェンという宗教思想家の本質を、その「歴史認識」の中に探っている。

メイチェンの歴史観に分け入っていくにあたり、マースデンはまず同時代の対極的な歴史観を示す。一九三一年、全米歴史学会でカール・ベッカー会長（一八七三―一九四五、当時コーネル大教授）が行った講演だ。「みなそれぞれに歴史家」と題された講演は、その後のアメリカ人の歴史認識に大きな影響を及ぼしたとされる。

歴史上の出来事は、後の世には人々の記憶の中に「観念」としてのみ存在するようになる、とベッカーはいう。歴史とは「過去に起きたこと」ではなく、「過去に起きた行為や発言の記憶」に過ぎない。ワシントン初代大統領という人物そのものについて、いまの人々は何も知ることはできない。今あるのは、ワシントンに関し、同時代人も含めて人々が行った「解釈」のみだ。ワシントン自身の「自己解釈」も含まれる。客観的な「事実」を科学的に探り出せると思うのは幻想だ。歴史家が扱うのは「事実」ではなく、ある社会情勢の中で人々が行う「解釈」に過ぎない。歴史家に託された仕事は、吟遊詩人のごとく「役に立つ神話」を語り伝えることなのかもしれない……。

「事実」とされるものは、時と場所が違えば変わる。歴史家の見方で変わる。これがベッカーの主張であった。「歴史とは物語である」という、今日のわれわれにはなじみ深いものとなった考え方だ。

キリスト復活は「事実」

こうした一種の「相対主義」（レラティビズム）が、ある意味で「より科学的で客観的」な歴史認識のあり方として常識化していく時代のなかで、メイチェンは厳として「事実は動かない」という主張を貫き通していった。ベッカー的な歴史認識によれば、彼自身がいうように「事実は、それ自体で放置されたままでは何も語らない。それ自体では存在しない……だれかが確認するまでは事実というのは存在しない」というところに行き着くからだ。

メイチェンは神学的立場から、「常識化」していくこうした歴史認識に敢然と立ち向かった。それは、当時、キリスト教神学が近代科学の発展とともに姿を変えつつあったことに対する、メイチェンの強い危機感の表れでもあった。「天地創造」だけが危機にさらされているにとどまらず、キリスト教信仰の根幹であるイエス・キリストの受難と甦りも、近代科学との整合性を保てなくなっていた。

これに対しキリスト教側は、聖書は科学ではない、そこに描かれる「奇跡」は喩えである、という解釈をとって、近代社会での生き残りを図った。自由主義神学（リベラリズム、モダニズムとも呼ばれた）の潮流だ。しかし、近代に寄り添うように生まれた自由主義神学と、当時の歴史学や哲学の潮流が帰着した「解釈こそがすべて」という知的状況の中では、キリスト教信仰は解体してしまうとメイチェンは見た。キリスト教の本質は「隣人を愛せ」というような道徳律にあるのではない。それだけならば儒教と同じではないか。そうではなく、イエスがわれわれの罪を購うために死に、埋葬され、三日後に甦ったという

「歴史的事実」をありのままに受け入れることにこそ本質がある。そうメイチェンは訴えた。

それは「解釈」の世界から、ついに意味不在の世界へと突き進む二〇世紀の思想潮流に対する最初の危機意識の表明であったと、マースデンは小論「メイチェンを理解する」で評価する。そうしたメイチェンの思想に筆者も「強く惹かれる」と切り出すと、マースデンは懐かしむように答えた。

「実は、牧師だった父はメイチェンと一緒に異端とされ、長老派教会を追われた。知の世界と信仰の世界をどうつなぐか。それが子どもの頃から見聞きしてきた論議だ。ジョナサン・エドワーズも同じ系譜にある」

信仰と知を結ぶ。アメリカで今もそうした思想のかたちを追い求める人たちがいる。粛然とさせられる思いだった。

原理主義はプロテスタントが発祥

ファンダメンタリズム（原理主義）という言葉は、イスラム教復古運動を語るのに用いられることが多くなったが、本来アメリカのプロテスタント教会内部の運動を指すのに使われ始めた言葉だ。

一九世紀後半、ダーウィンの生物進化論に代表される「近代知」の発展とキリスト教信仰の間に齟齬が生じ出すと、近代に寄り添うように自由主義神学が生まれた。聖書は科学ではない、イエスの甦りの奇跡は喩えであるとして、キリスト教は近代における生き残りを図る。

聖書を字義通り信じることを信仰の核とする伝統主義神学の側から、これに強い反発が起きた。そうしたなか、一九一〇年から一五年にかけ伝統主義神学の主張をまとめた十二冊の「ファンダメンタルズ」（原理）と呼ばれる冊子がアメリカで出版される。これら十二冊の神学論文集の影響を受け、アメリカで自由主義神学（リベラリズム）への抵抗がじわじわと広がった。それ以前から大衆レベルで起きていた、終末論に彩られる新たな信仰復活運動も背景にあった。やがて、攻撃的なまでに伝統的信仰を維持しようとする勢力をファンダメンタリスト（原理主義者）と呼ぶようになる。

マースデン教授によれば英語の「ファンダメンタリスト」という言葉がつくられたのは一九二〇年だという（『原理主義とアメリカ文化』）。この言葉が、現在ではイスラム教をはじめ他宗教の過激な復古主義運動にも使われるようになったわけだ。

その本家本元のキリスト教原理主義の勃興期、そして最初の衰退期に思想的リーダーとなったのがメイチェンであった。

J・グレシャム・メイチェンは一八八一年、ボルチモアの裕福な弁護士の家に生まれている。地元ジョンズ・ホプキンス大を優等で卒業後、聖職の道を歩むことを決め、長老派のプリンストン神学校に進む。同時にプリンストン大で哲学も修めた。一九〇五年にはドイツに留学し、マルブルク、ゲッチンゲン両大学で神学を学び、当時ドイツで隆盛だった自由主義神学の息吹に触れている。

信心深い母親の影響で結局聖職を選んだが、若いメイチェンには最後まで迷いがあった。聖職は当時、すでに知的には一級の仕事とはみなされなくなっていたからだ。たとえば創世記とダーウィンの生物進化論のギャップに象徴されるように、「近代知」と信仰の整合性をとるのは極めて困難になり、神学をかつてのように人間の知の体系の頂点に立つ学問とすることは不可能となってきた。

J・グレシャム・メイチェン（肖像画画像提供：The Montgomery Library at Westminster Theological Seminary, Philadelphia PA.）

聖書の記述を比喩ととらえ、そこに倫理的な教訓を読みとる自由主義神学（リベラリズム）のような道も拓かれた。しかし、それは信仰を隣人愛などの「感情」として扱うため、学問と呼べるかどうかも疑わしいものとなる。そうでなければ、文献としての聖書を研究・批判する学問に終わってしまいそうであった。「知の体系」の脇に追いやられていくのは明らかだった。そこから、キリスト教神学をどう救い出すか。信仰と知をどうつなぎ直すか。

信仰と知についてのメイチェンの思索は、一九一二年、プリンストン神学校で行った講義録『キリスト教と文化』に端的に現れている。「キリスト教とは歴史的事実の宣明である。イエス・キリストが死者の中から甦ったという歴史的事実である」（この点はメイチェン思想の中核であり、後述する）、「この宣明において、近代的思惟は何の役割も果たしていない。むしろ、人々がこの甦りのメッセージを聞こうとするのをさまたげている……（ところが）近代文化の多くは聖書から直接引き出されてきている」。

つまり、西欧近代の知的体系はキリスト教文化が生み出したものなのに、それがキリスト教信仰の中核であるべき「歴史的事実」を否定しようとする。キリスト教は自らが生み出した知に疎外されている。それが近代の状況だ、とメイチェンはみた。

「近代知」は真っ向からキリスト教信仰と対峙するものなのか。そうではないはずだ、とメイチェンはいう。近代的な思惟は、実は多くをキリスト教に負っている。であれば、聖書を擁護するのに役立つものが「かなり含まれていてよいはずだ。それがうち捨てられているのではないか」。

信仰擁護に役立つ思惟を選り分けていく「知的努力」がキリスト教会には必要だ。これまで、その努力をさぼってきた。「やりやすい仕事に流れてきた」。これは自由主義神学批判だ。「いまこそ怠惰の結果を引き受け、命がけで戦わねばならない」「思索の欠如のためキリスト教会は滅びつつある」。

メイチェンと小林秀雄

厳しい知の試練が待ち受けている、とメイチェンは神学生らに諭している。徹底して科学的知識を追求し「同時にその知を神への奉仕にささげよ」。この困難な仕事に真っ正面から取り組むことでキリスト教は再び活力を取り戻し、「懐疑の時代から信仰の時代の夜明けに進めるかもしれない」と訴えかけた。

近代科学をはじめ人間が到達した知識体系を信仰の体系の中に取り込まなければならない。信仰と知の統一を図らなければならない。そうしなければ、人類の歴史は危うい。メイチェンはそう考えていた。「懐疑の時代」と彼が呼んだのは、信仰と近代科学が離反して統一を保てなくなった果てに、近代科学を用いて大量虐殺を行うような時代、アウシュビッツ・ヒロシマの時代が来ることへの予感だろう。

今日のアメリカのキリスト教原理主義が敵視している生物進化論について、メイチェンは学校で教えることに反対しなかった。進化論教育禁止を定めた法の是非をめぐって一九二五年にテネシー州デイトンで起きた有名なスコープス裁判で、熱心な信仰者側からその法律を擁護する証言を求められたメイチェンは、証言を断って、信仰者らの考えと近代科学の間を橋渡しする道を探り続けたという。

「事実に関わる領域をすべて自然科学に明け渡し、理想に関わる領域を宗教の側に確保するというのは拒否する。神学は化学と同様に科学である」（一九二五年のエッセー「いま原理主義が擁護するもの」）。ともに「真実」を追究する学問として、神学と近代科学の統一を図ろうとしたメイチェンにとって、その統一の核として絶対譲れなかったのが「歴史的事実」としての「イエスの復活」である。

メイチェンは「事実」であるイエスの奇跡を「喩え」だと解釈する自由主義神学（リベラリズム）は、もはや「キリスト教ではない」とまで著書で弾劾した（一九二三年の『キリスト教とリベラリズム』）。同様にして、歴史の中に「事実」そのものはなく、「解釈」だけで存在するというところに行き着いた近代的な歴史観も頑として拒んだ。

処女懐胎から始まる一連の奇跡、イエスが人々の罪を贖うため十字架にかけられて死に、三日後に甦った奇跡は、「解釈」などで揺るがない歴史上の出来事であり、事実としてあるがままに受け入れる。それが「歴史的宗教」としてのキリスト教の本質であると、強く訴え続けた。

この点では、メイチェンの近代的歴史観に対する姿勢には、真実の探求を続ける近代自然科学に対するような「寛容さ」はなかった。

偶然なのか、歴史観・宗教観においてメイチェンと似た魂のかたちは、キリスト教信仰とは別の形で日本にも生まれている。

「歴史といふものは、見れば見るほど動かし難い形と映つて来るばかりであつた。新しい解釈なぞでびくともするものではない、そんなものにしてやられる様な脆弱なものではない」。よく知られている小林秀雄のエッセー『無常といふ事』（一九四二）の一節だ。「解釈を拒絶して動じないものだけが美しい」。「常なるものを見失つた」現代人には「無常」も分からない、と小林はいう。

一方のメイチェンにはこんな叙述もある。「事実というものの優位は、〝動かし難い〟ということだ……新しい事実は見つかるかも知れない。キリスト者は新事実の発見を心から歓迎するのにやぶさかでない。しかし、古い事実は、本当に事実であるなら、時の終わりを超えて事実として残る」（「いま原理主義が擁護するもの」）。

メイチェンの場合は信仰について、小林の場合は「美」についての論述だが、思想は近似する。二〇世紀初頭の第一次大戦前後のアメリカと第二次大戦初めの日本。それぞれが直面した精神的危機から似たような思索が生まれ、その後の時代の精神に影響を及ぼし続けた。それは何を意味するのか。

「動」と「静」

一九二〇年代前半、メイチェンは長老派教会内から自由主義神学一掃を目指し活動するが、その思想は結局「排他的」だとして受け入れられなかった。プリンストン神学校でいったん決まった昇進も拒まれ、二九年には辞任、同志を誘ってフィラデルフィアに新たな神学校を創設する。三六年には、長老派教会総会で分派活動を禁じられ、事実上教会を追われるかたちで「正統長老派教会」を創設した。同志たちはメイチェンの自由主義神学との徹底した戦いについていけず、次々と脱落しだす。

同年十二月、支持者を募るため厳冬のノースダコタ州に講演に行った先で、肺炎を罹り、翌三七年一月、五十五歳で死去した。

メイチェンの敗北と並行し、二〇年代後半からキリスト教原理主義はいったん衰退する。しかし、最後までメイチェンに師事した三人の神学者の下で学んだ「孫弟子」が、アメリカで最も影響力を持つ福音派伝道者ビリー・グラハム（一九一八―）と、今日のキリスト教右派政治勢力の先駆けとなったテレビ伝道師ジェリー・フォルウェル（一九三三―二〇〇七）だ。

グラハムはいまでもアメリカで最も影響力を持つ保守派プロテスタントの伝道者で福音派だ。グラハムは八十六歳という高齢とパーキンソン病を押して、二〇〇五年六月ニューヨーク・クイーンズ区の公園で「国内で最後」と位置づける三日間の大衆伝道を行った。数万の聴衆が集まった。その中にはクリントン前大統領もいた。世界百八十ヵ国以上を訪れ約二億人に伝道したというグラハムは、トルーマン以来ブッシュ父子まで歴代大統領と親密な関係を築いてきた。まさに、キリスト教国家としてのアメリカの顔である。一九九二年、九四年と北朝鮮の故金日成主席とも会っている。

一九七八年に初出馬した下院選で落選、石油事業も行き詰まって酒浸りだった若き日の息子ブッシュ大統領は、グラハムとの出会いで信仰上の生まれ変わり（ボーン・アゲイン）を遂げ、酒もやめた。キリスト教保守派とブッシュ大統領のつながりの始まりだ。

もう一人のメイチェンの孫弟子、テレビ伝道者フォルウェルは一九七九年に「モラル・マジョリティ（道徳多数派）」を結成、そこに結集したキリスト教保守派の大衆はレーガン共和党政権を生み出す原動力となる。グラハムの伝道に集まる市民よりも政治問題への関心の高い市民を糾合、今日のキリスト教保守派政治勢力の先駆けとなった。息子ブッシュ大統領の重要な支持母体である「キリスト教連合」はその流れの中で生まれた。

グラハムやフォルウェルは、長老派教会を追われるほどにまで自由主義神学と激しく戦ったメイチェンの「動」の側面を引き継いで、二〇世紀後半から二一世紀初頭のアメリカを揺るがしたといえる。

一方、近代において信仰と知を結ぼうと試みたメイチェンの知的な「静」の側面は、マースデン教授やマーク・ノル教授（ノートルダム大）といった学者たちに引き継がれている。特にノル教授の九四年の著作『福音派精神の名折れ』は近代的知識と信仰の関係を探って融和を目指し、メイチェンの遺志を継ぐものだ。

だが、そうした試みが可能かどうか、いまだ答えは出ていない。

第四章

南部農本主義——リチャード・ウィーバー（一九一〇—六三）

南部はアメリカ政治や文化において常に重要な位置を占めてきた。「ソリッド・サウス（堅固なる南部）」。かつて民主党の牙城としてそう呼ばれた南部に攻め入ることで、ニクソン、レーガン、ブッシュ父子の共和党大統領は選挙を勝ち抜いてきた。他方、オバマ大統領以前の民主党側はカーター、クリントンと南部から候補を出すことで共和党の「南部戦略」をなんとかしのぎ、雪辱を果たしてきた。それがこの三十数年のアメリカ大統領選の構図だ。いつしか「南部を制するものは大統領選を制す」といわれるようになった。

政治的に南部を制するというのは、保守としての選挙戦略をとるということだ。ニクソン以来の四人の共和党大統領はいうに及ばず、オバマ以前の二人の民主党大統領も、そうして大統領の座を獲得した。「大きな政府の時代は終わった」と、まるでレーガンのような口ぶりで民主党を中道に持って行った南部アーカンソー州出身のクリントンだけでない。南部ジョージア州出身のカーターも、実は保守的な大統領だった。進歩派（リベラル）論客の重鎮であるアーサー・シュレジンガー・ジュニアは、カーターを二〇世紀の民主党大統領としてはもっとも保守的だったと位置づけている。保守的な要因として、カーターが「小さな政府」論者であり、規制緩和を推進し、公務に宗教を持ち込んだことを挙げた。長い目で見ればカーターとレーガンは「違いよりも継続性の方が意味を持つことになろう」と分析している（『アメリカ史のサイクル』）。

こうして南部をターゲットに、あるいは南部出身の候補を立てて、オバマ以前の歴代大統領は三十数年にわたり保守化の道を歩んでいった。その一方で連邦議会も、南部を軸に大再編ともいえる動きを続けてきた。

上下両院ともに多数派を占めることとさえある保守政党・共和党だが、かつては長期にわたり少数派政党の地位に甘んじていた。南部が民主党の牙城である時代が長く続いていて、この大票田に手を出せなかったからだ。一九五〇年、南部十一州選出の上院議員に共和党議員は一人もいなかった。下院でも百五人中わずか二人だけであった。半世紀後の二〇〇〇年には南部選出の上院議員二十二人のうち過半数の十三人、下院議員は百二十五人中、過半を優に超える七十一人が共和党員となった。

「子供の頃に、生きている実物の共和党員なんて見たこともなかった」。深南部ミシシッピ州選出で、人種差別的な発言のため共和党院内総務という重職を二〇〇二年に退いたロット上院議員は、そう語ったことがある。その南部が、いまや共和党の金城湯池となった。

深南部出身のロット自身が共和党の指導者になれる時代が来た。奴隷解放のリンカーンを指導者に仰ぎ、アメリカ近代化を担った革新政党の共和党が、この百数十年、保守化路線を着々と歩みつつ、南部を攻略してきたことの証である。あるいは考えようによっては、南部によって攻略され、飲み込まれて、保守化したというべきかもしれない。

そこに至るには、もちろん南部自体の変化があった。南北戦争以前は奴隷制の農業地帯、戦争後は遅れた貧困地帯とされた南部が、アメリカの産業構造の変化に伴い、いまでは躍進するサンベルト地帯の一角として米国経済を牽引している。北部からの人口流入も著しく、テキサス州やフロリダ州では全米平均の倍近くの人口増加率が見られる。経済面から言えば、かつては貧困問題で、いまは高い成長率で、アメリカ全体に影響を及ぼし、発言力を持つ存在。それが南部だ。

南部は政治・経済で重要な意味を持つだけでない。文化的にも独特の位置を占めてきた。ノーベル賞受賞作家フォークナーに代表される南部文学が好例だ。その他、話される言葉、音楽、料理など、アメリカの中でも独特の文化の香りを持つ。

南部農本主義者たち

では、その南部の本質とは何なのか。そう考えた時、必ず行きあたる思想家グループと一冊の書物がある。二〇世紀前半に活動した南部農本主義者らと、彼らによるシンポジウム形式の書『わが立場を保持す（I'll Take My Stand）』だ。グループの中核となったのは若い南部の詩人たちだった。だが、まとめあげられた書物は強い政治的、社会的メッセージを持った。一九三〇年のことである。南北戦争（一八六一―六五）が終わってから六十五年後に、身を以てはその戦争を知らない世代が打ち出した、敗者の肯定的な自己再確認の書である。

ちょうど戦後六十―七十年を迎えた日本で、一九六〇、七〇年代生まれの若手文学者や論客が、敗戦国としての日本の歴史的意味を肯定的に再確認する。そんなイメージで捉えられよう。北軍により無条件降伏を強いられた南部は復興を遂げた。若い知識人らはそうして生まれ変わった新しい南部が逆に失ったものに目を向けた。敗戦後六十―七十年を経て大きく変わった日本で、若い知識人らが「失われた日本」に肯定的な目を向けようとするように。米国南部の彼らは、その主張からアグレリアン＝農本主義者と呼ばれた。

独立自営農であることを世界観の基軸とする農本主義者は、独立宣言起草者で第三代大統領のトーマス・ジェファーソン（一七四三―一八二六）も含め、今日までのアメリカ史にしばしば登場する。一九三〇年に『わが立場……』に糾合された農本主義者は、他と区別するためサザン・アグレリアン（南部農本主義者）、さらに限定的にテネシー・アグレリアン、ヴァンダービルト・アグレリアンとも呼ばれる。南部テネシー州ナッシュビルの名門ヴァンダービルト大学を拠点に活動したからだ。ドナルド・デイビッドソン（一八九三―一九六八)、アレン・テイト(一八九九―一九七九)、ジョン・クロウ・ランサム(一八八八―一九七四)、ロバート・ペン・ウォレン(一九〇五―八九)ら十二人である。南北戦争での敗者となり、近代化から取り残されたことを逆手にとるようにして、当時まだ若かった彼らが「南部思想」を創り上げた。あるいは、敗北の中から新しい南部のアイデンティティを探り当てた。古い南部の新しい意味を見つけた、といってもよい。それは今日まで影響を及ぼした。

「産業的なるものに対し農業的なるものを」(『わが立場……』序文「原則声明」)。彼らは、敗戦後取り残された南部に北部からやっと押し寄せはじめた「産業化」をきっぱりと拒み、農業社会を維持したいと宣言した。「主流となりつつあるアメリカ的生き方(アメリカン・ウェイ・オブ・ライフ)」ではなく、「南部的生き方」を支持する。南部的生き方とはすなわち「農業的なるもの(アグレリアン)」に他ならない、と定義した。

産業機械の発達によって労働者は恩恵を被り、労働の喜びを見いだせるようになったか。否だ。労働の喜びを得られないばかりか、大量生産される製品の「愚かな消費」に追いまくられているだけだ。産業化・機械化によって雇用は安定したか。否だ。過剰生産と失業が高まり、富の分配はますます不公平になる一方ではないか。自然は破壊され、人々は大自然の中での被造物としての意識を核とする宗教心を失いつつある。

芸術も産業化社会ではまともに扱われない。自然と向き合う気持ちが、芸術の基礎だからだ。自然を観賞するには心の余裕が必要だ。しかし、産業化社会はそれを奪い去っている。もてなしの気持ち、思いやり、家族の愛。感受性をはぐくみ、よき関係をつくり出していくような人と人とのやりとり、そこから生まれる生活の快適さが、ビジネス至上主義の産業化文明により損なわれている……。

「アメリカもソ連も一緒」

『わが立場……』に集まった詩人を中核とする南部知識人らは、産業化社会における人間の疎外を突いた。それは共産主義者らの論法と似ていなくもなかった。ただ、彼らがその疎外を克服するために示した答えは一八〇度違った。彼らは、共産ソ連も資本主義アメリカも産業主義という点では異ならないとみた。

「産業発展にただ押し流されていけば、一九一七年に暴力革命でロシアに押し付けられたのとほとんど変わらない経済システムがアメリカにも生まれるだろう」(「原則声明」)。資本主義アメリカ、共産ソ連とも産業主義を追求していく果てに、同じような集産主義(コレクティビズム)に行き着く。巨大資本か巨大政府かの違いに過ぎず、いずれにせよ巨大官僚組織が動かす点では変わりがない。このジレンマから抜け出る道は、「古き南部の農業生活」の中にこそ具体的な姿で見つかる。そう彼らは考えた。

若い南部の知識人らが、過激な近代社会批判の末に提示した答えは、ある意味で反動的ともいえるほどに保守的だった。それが南部農本主義だった。

遠い欧州で起きた第一次大戦に西欧近代の失敗を見て（デビッドソンとランサムは兵役に就いた）、いま一九二九年のニューヨーク・ウォール街の株大暴落に始まる大恐慌の惨状を目の当たりにしている。北部が南部を制圧して、追求してきた「近代化」「産業化」の果てが、このどうしようもない行き詰まりではないか。南部農本主義は、そうした思いを抱いた若い詩人らの魂の中に兆した南部のロマン主義であり、南部の新しいナショナリズムであった。

それはまた、第三章のJ・グレシャム・メイチェンらの系譜とは別のかたちで、アメリカのキリスト教原理主義の背景もつくる。十二人のアグレリアンの一人、詩人アレン・テイトは産業化社会が伝統的宗教社会を破壊していくことに強い危機感を持った。理性が自然を征服できるという「幻想」の中で生きる近代人には、自然の神秘性が見えなくなってくる。いかにして、神秘性をとり戻していくか。こうした思索を続けていったテイトは、ルネサンス以降の合理主義精神に懐疑的な目を向け、やがて中世的なカトリック世界へ近づいていく。

『わが立場……』に集まった十二人は、近代化の巨大な歯車が激しい勢いで回るのを押しとどめようもなく、やがてそれぞれの道を歩み出し、テイトらは詩や文芸批評の世界に活路を見いだす。一九四〇年代に入ると南部農本主義のインパクトはいったん衰退していくが、やがてリチャード・ウィーバーという新たな思想家を得て、戦後アメリカを揺さぶることになる。

安倍晋三が引用したフレーズ

「思想は必ず実を結ぶ（Ideas have consequences）」

ネオコンの牙城といわれるワシントンの保守系シンクタンク、アメリカン・エンタープライズ研究所（ＡＥＩ）で、自民党幹事長時代の安倍晋三氏が英語で講演し、このフレーズを口にするのを聞いたとき、「誰が入れ知恵したのかな」と、思わず苦笑してしまったことがある。二〇〇四年春のことである。

このフレーズは、アメリカの保守派政治活動家らが最も好んで使うものだ。この句があまりに安易に使われるので、ブッシュ（息子）大統領の選挙参謀カール・ローブ氏らを育て上げてきた古参の保守政治活動家モートン・ブラックウェルは「思想は行動を起こさなければ実を結ばない」をあえてモットーにしている。一般に使われる元のフレーズもブラックウェルの改訂版も、人が生みだす思想がやがて現実を大きく変えていくことを、積極的かつ肯定的な意味でとらえている。政治活動の根底にしっかりとした思想を据えることが重要だと訴えている。

この句とその出典が日本で一部に知られるようになったのは最近のことだ。アメリカ人でも、戦後保守思想に傾倒している人でなければ、ちょっと覚束ない。出典は一九四八年に出版された本のタイトルであり、その著者はシカゴ大学の英語学教授だったリチャード・ウィーバーである。ウィーバーは、この本とタイトルのおかげで戦後アメリカ保守思想史の原点とみなされるようになった。その実、今日に至ってもまだ、その生涯を含め、思想家としての全体像がよくつかめていないところがある。

なにしろ、ウィーバーの盟友で彼とともに戦後アメリカ保守思想の源流とされる思想家ラッセル・カーク（第一章参照）でさえ、ウィーバーの急死後の追悼文で、彼の生地を取り違えている。生涯独身だったウィーバーは、五十三歳の若さで大学そばの小さなアパート自室で、心臓発作で急死したのを、二日後に発見された。大学の授業に現れず、不審に思って探しにいった警官らが見つけた。孤独な最期だった。

代表作『思想は必ず実を結ぶ』はタイトルだけがひとり歩きし、ついに日本の政治家までが引用するようになったが、第二次大戦終結から間もなくこの本が出版されたとき、タイトルは今日使われるのとは違った否定的意味を持っていた。著者自身、編集者が付けた（ある意味で適切な）このタイトルを毛嫌いしていたという。

ウィーバーは南部ノースカロライナ州に生まれ、テネシー州の名門ヴァンダービルト大に学んだ。同大を拠点とした『わが立場を保持す』の十二人の南部農本主義者らに直に接して影響を受け、滅び行く南部文化への愛着を綴り出すことから出発した。

「進歩主義は知的臆病者の逃げ場だ」

二〇世紀に入ってまもなく起きた第一次大戦、世界大恐慌。南部農本主義者たちは、そこに近代社会の行き詰まりを見て「南部の生き方」への回帰を訴えたが、伝統的農業社会をブルドーザーのようになぎ倒して行く産業化の勢いは止まらず、南部も大恐慌を抜け出す道をそこに求めた。七州にまたがったニューディール政策の目玉、テネシー川流域開発公社（ＴＶＡ）はその象徴である。産業化で「新南部」をつくる動きに追いだされるように、伝統回帰を求める十二人の南部農本主義者の多くはヴァンダービルト大を離れ、北東部、中西部などの大学に移り、一九四〇年代に入る頃から「新批評」理論など文学分野で新境地を開く。

彼らの残していった農本主義思想を引き継いでさらに深めたのが、世代がやや下のウィーバーだ。『わが立場……』が出た三年後に修士課程でヴァンダービルト大に来たウィーバーは、十二人の中核で年長者でもあったジョン・クロウ・ランサムに師事し、強い影響を受ける。大恐慌下の知識人として、それまで社会主義にかかわってきたウィーバーは、この頃から思想的に大きく変貌し出した。

「進歩主義（リベラリズム）は知的臆病者が好む逃げ場だ」（回想記『進歩主義を越えて』）

テキサス農工大で助教授を務めていた一九三九年秋のある日、ウィーバーは啓示を受けたようにマルクス主義を捨て「他人を気にして、知的虚栄から進歩主義的決まり文句を吐く」（同）のをやめ、南部伝統に深く沈潜して「中世を覆っていたような詩的・宗教的人生観」を取り戻そうと決意する（友人宛書簡）。それこそが、農本主義（アグレリアニズム）の神髄だと観念した。十二人の南部農本主義者の一人アレン・テイトが指し示したような道だ。

決意の背景に、第二次大戦という人類史上未曽有の戦争が影を落としていた。当初の十二人の南部農本主義者らが第一次大戦と大恐慌に近代否定の契機を見たように、ウィーバーには第二次大戦が転機となった。総力戦の無差別殺戮が、ウィーバーに近代のすべてを否定させるほどの深刻なショックを与えた。特にヒロシマ・ナガサキへの原爆投下がウィーバーに与えた大きな衝撃は特筆されよう。

「文明の精髄とは倫理的なものだ。今日ほど倫理的分別が衰えたことはない。原爆は人類の規範に最後の一打となった。この報いは必ずわれわれに来ると考えざるを得ない。今後長く、自分の主たる関心は文明の立て直しになると思う」（一九四五年八月の友人宛書簡）

原爆投下の衝撃を友人に伝える書簡から二年半後にウィーバーは、代表作『思想は……』を世に問う。草稿ではそれは「われらの世界を取り戻す道」と題されていた。この書の序論で彼が論じたのは、まさに「思想が何をもたらすか」ということであった。今日、保守政治活動家らが彼の本のタイトルをひとり歩きさせて使うのとは違った深い意味での論じ方だった。

倫理崩壊の原点は「唯名論」

無差別大量殺戮の戦争に至った西欧近代文明の道徳的崩壊の発端を、ウィーバーは一四世紀の中世スコラ哲学者オッカム（一二八五？―一三四七？）の思想に見た。オッカムは超越的な「普遍」の存在を否定し、個別の事物から経験論的に普遍的概念を探し出す思想（唯名論）を切り拓いたとされる。そこから近代科学をはじめ合理的思考への道筋が引かれる。まさに「近代」の思想的原点だ。それ以来、西欧文明は超越的な価値の存在を忘れ、倫理的に崩壊の道を転げ落ちてきたと、ウィーバーは考えた。

西欧文明にとって、悲劇「マクベス」の幕開けに現れる荒野の魔女とマクベスとの出会いに匹敵する出来事が一四世紀に起きたのだと、ウィーバーは説く。オッカムの唯名論が登場したことで、事物と名称の結びつきが「便宜」をもたらしたが、人の知力を使ってたどり着く「現実」は世界から消し去られてしまい、「感覚によってのみ感知されるものだけが現実となった」。近代経験論の時代が始まり、それが「近代の頽廃」へと至る。すべての尺度の中心に人が置かれる「相対主義」がはびこる。科学が栄え、信仰は衰退する。

これが、アメリカ近代産業社会を否定した南部農本主義者の跡を継ぎ、南北戦争以前の南部の文化の再興を主張していった思想の行き着いた、ひとつの結論であった。それは

「中世への回帰」を求める色合いを帯びていた。

ウィーバーは著作の中で繰り返し、厳格なルールの下でしか戦わない「騎士道精神」の復活を訴えている。その最後の姿を南北戦争敗北以前の南部（たとえばリー将軍）に見ていた。そこにも彼の近代否定の一端が見て取れる。「騎士道精神」を捨てたところから「総力戦（トータル・ウォー）」が始まった。その始まりは南北戦争での北軍、とくにジョージア州で進路にぶつかるものをすべて破壊しながら勝ち進んでいったシャーマン将軍の軍団にあったとみる。もはや市民と兵士の区別はなくなった。その北軍の総力戦が結局、第二次大戦のナチス・ドイツ軍に代表される残酷な戦争形態に引き継がれていった、とウィーバーは大戦終結の年（一九四五年）に書いたエッセーで主張する（「南部騎士道と総力戦」）。ウィーバーはこうして第二次大戦前の南部農本主義のエッセンスを戦後に繋ぎ、ラッセル・カークらとの交流を通じ戦後アメリカ保守思想の形成に大きな影響を与え、その源流となったと評価されている。

そうした近代批判の保守思想の著作だけで暮らして行けるはずもない。ウィーバーは、こつこつと教員の仕事に励みながら思索を続けていた。早逝後もよく売れたのは、本職の英語作文・修辞学の教科書だった。約二十年勤めたシカゴ大学では他の教授が嫌がる一年生の英作文教育を、死に至るまで「大切だ」といって続けた。立派な修辞学をきちんと学んで使うようになれば、人を「高貴な目標」に向かって動かすことができると信じていた。

アメリカ戦後保守主義の原点としてカーク、経済学者フリードリヒ・A・ハイエクらと並び称されるが、最も地味で、生活ぶりも含めて「保守的」な人物であった。代表作のタイトルこそしばしば口にされるが、ウィーバー思想の本質が理解されているかとなると疑問だ。戦争観だけとってみても、昨今、アメリカの保守主義の本流のようにみられている新世代ネオコン（第二章参照）とは隔絶したものがある。

彼の思想は、一方で米国南部や欧州社会が持っていた伝統的秩序・宗教心を取り戻そうとする面もあれば、他方で南部問題を通して地域自治を求め「小さな中央政府」を主張したともみなされた。その多面性から、五〇―六〇年代に様々なアメリカの保守思想を束ねる役割を果たした。

九〇年代に入ってから本格的評伝が出始め、数多く残された雑誌論文が二〇〇〇年にまとめて出版されるなど、ウィーバーへの関心が再び高まっている。冷戦後のアメリカ保守派は常に分裂の可能性をはらんでいるが、多面的なウィーバー思想には、保守思想統合の役割が期待されているのかもしれない。しかし、それ以上に思想史家ジョージ・ナッシュが指摘するように、ウィーバーの深い文明批評はどんな時代状況の中でも読み継がれていく質のものだ。

ウィーバーを敬愛したカークは「滅び行く大義にこれほど惹かれた人はいなかった。平和と謙虚さのために、雄々しく戦った」（カーク自伝『想像力の剣』）と評している。

第五章

ネオコンが利用した思想
――レオ・シュトラウス（一八九九―一九七三）

二一世紀初頭に、レオ・シュトラウスほど騒がれた思想家はいない。9・11同時テロ事件に対応するブッシュ政権の独断外交を主導したネオコンを、思想的に支えたのはシュトラウスであるといわれた。それまで一部の思想史研究者を除いてあまり知られていなかったこのドイツ生まれのユダヤ人政治哲学者をめぐり、アメリカの新聞、雑誌は「謎めいた哲人」といった視点で、さまざまなことを書きつらねた。騒ぎは大西洋や太平洋を越えて、欧州や日本にも波及した。ほとんどがネオコンに絡めてシュトラウスを論じた。

アメリカのある進歩派雑誌は、シュトラウスに影響を受けたネオコンは「この千年の十大悪漢集団に入る」とまでいい切った。高級紙『ニューヨーク・タイムズ』もブッシュ政権の独断外交、武断主義を支える思想は、レオ・シュトラウスから来ていると分析する長文記事を載せたことがある。「野蛮な敵から西側民主主義を守るのは自然権だ」という考えがそれだという。記事には、そうした思想を持つネオコンは、「レオ・コン」と呼ぶのが相応しいという意味の見出しが付けられていた(二〇〇三年五月四日付同紙)。

ワシントン市内のある公園では、毎年七月の休日に、シュトラウスの影響を受けた米政権内外のパワーエリートたち(「シュトラウス学派」と呼ばれる)が、バーベキューに集まり、草野球を楽しみながら、世界の来し方行く末を語り合う。9・11テロ当時は国防副長官だったポール・ウルフォウィッツ、ネオコン論壇誌『ウィークリー・スタンダード』編集長ウィリアム・クリストル、レオン・カス生命倫理大統領諮問委員長ら数十人は、一種の「秘密結社」のメンバーだ。そんな逸話が新聞や雑誌に載ったりした。

こうした、にわかシュトラウス・ブームにとまどったのは、この難解な政治哲学者を真剣に研究する数少ない学者たちだけではない。遺族も当惑した。反論できない故人に代わって、息女でバージニア大学教授(古典学)のジェニー・シュトラウス・クレーさんが、思いあまって新聞コラムを書いた。

「父は学者として栄誉を求めたこともなく、政治的野心とはまったく無縁の人でした。若い頃の夢を打ち明けてくれたことがありましたが、それは、食用ウサギを育てながら、プラトンを読んで人生を送るというものでした」

父親は第二次大戦前夜の欧州から米国へと逃れ、戦後は主にシカゴ大学で古典ギリシャや中世の哲学を講じる学究生活を送っただけの「小柄で、感じも良くなく、カリスマ性などゼロの醜男」に過ぎない。死後三十年も経ってから、「墓場から秘密結社に指示を出しているなどといわれて」、たまらないとジェニーさんは訴えた（〇三年六月七日付『ニューヨーク・タイムズ』「レオ・シュトラウスの実像」）。なるほど、家族にはそのように映っていたのか、と興味深く感じられた。

イェール大学名誉教授で、漱石の『こころ』の素晴らしい英訳で知られるエドウィン・マクレラン（一九二五―二〇〇九）と食事をしていた時、ふと思い出して、シュトラウスのことを尋ねてみたことがある。というのは、マクレラン教授はもともと西欧（思想）史家で、一九五〇年代後半から六〇年代にかけシカゴ大学に籍を置き、経済・政治思想家ハイエクらと親交をもっていたからだ（エピローグ参照）。当時シュトラウスはシカゴ大学にいて、思想的に深化していった時期だ。

マクレラン教授は、「実にいやなことを思い出させる」といった顔つきで、シュトラウスとその門下生らを、「あの人たちは人種差別主義者ですよ」と、吐き捨てるように言った。こちらが、後を継げなくなるような激しい口調だった。断っておくが、教授はハイエクと親しかっただけでなく、江藤淳とも生涯を通じての友で、どちらかといえば保守主義的信条の人である。シュトラウスも、後述するような理由で、少なくとも米国の思想地図では「保守派」とみなされている。

「いいとこ取り」されたシュトラウス思想

いったい本当の「シュトラウスの実像」はどこにあるのか。『ニューヨーク・タイムズ』は扇情的な書き方をしただけなのか。ジェニーさんの言うように、シュトラウスは9・11後のネオコン主導のブッシュ外交とは関係ないのか。マクレラン教授がいう「人種差別」とは何なのか。どれについても、にわかに断じた答えを出すつもりはない。精緻な分析が必要だろう。ただ、前章で採り上げたリチャード・ウィーバーの主著のタイトルがいうように「思想は必ず実を結ぶ」のである。ある思想の影響を受けた人々が現実世界を変えていくというプロセスこそが、人間の歴史にほかならない。

われわれは、二〇世紀に、そのプロセスを激しいかたちで目にした。共産主義の勃興と没落だ。ただ、共産主義にせよ自由主義にせよ、思想として生まれたものがその影響を受けた人々を通して現実政治に適用されるとき、しばしば単純化されたり、歪められたりするのも事実だ。ジェニーさんには申し訳ないが、シュトラウス思想が、そうしたかたちでネオコンと呼ばれる政策実現型の思想家集団に一定の影響を与えたことは否定できない。

問題は、思想の「いいとこ取り」だ。思想家の体系の中から、都合のいいところだけを取ってきて、自分たちの目的に合わせて利用する。そして、半ば意図的に歪められるケースだ。ネオコンと呼ばれる思想家集団（一枚岩でなく、彼らの間には世代交代も起きている）は、シュトラウスの「いいとこ取り」を行ったといえないだろうか。

やや結論を急ぎすぎたが、まず、シュトラウスはネオコンか、あるいはネオコンの始祖なのかという問題を考えてみたい。

戦後アメリカの保守思想史に詳しい思想史家ジョージ・ナッシュは、シュトラウスを、第二次世界大戦がもたらした未曽有の破壊に、人類社会が直面する深刻な危機を見て、「近代」そのものが限界に至ったと考え、鋭い批判を展開した一群の思想家の一人に数えている。つまり、ウィーバーやラッセル・カーク、南部農本主義者らとも通ずる思想家だと位置づけている。アメリカ戦後保守思想史の文脈では、こうした思想家たちは便宜的に「伝統主義者」と呼ばれている。

カークの場合は、フランス革命を批判した一八世紀のエドマンド・バークにさかのぼって、民主主義や近代合理主義に懐疑の目を向けた。ウィーバーはさらにさかのぼり、西欧近代の道徳的崩壊の始まりは、一四世紀イギリスの中世スコラ哲学者オッカムが切り開いた合理的思考にあるとみた。シュトラウスは、似たような考え方の経路をたどって、近代政治思想の祖であるイタリア・ルネサンス期の政治思想家マキアヴェリに、近代的思考の失敗（シュトラウスはそれをニヒリズムだとした）の出発点をみて、眼前の精神的荒廃をもたらした近代全体を批判した。

シュトラウスのような近代批判者の「伝統主義」は、近代的統治構造としての民主主義の世界的拡大を唱えるネオコンとは思想的に相容れないのではないか。ネオコンの思想の根底には、アメリカという近代国家と、その根っこにある（自由民主主義と物質的繁栄が即ち幸福だとする）近代的思想への全面的肯定があるからだ。ナッシュはそのように考えて、シュトラウスをネオコンと分類しなかった。

以上は、ドイツからの亡命ユダヤ人思想家であるシュトラウスを戦後アメリカ保守思想史の中に置いた場合の話である。付け加えると、シュトラウスは四十歳近くまで暮らした欧州で思想を形成した。欧州と隔絶したアメリカ的思想風土をあえて打ち出そうとするネオコンたちとは、文字通り「育ちが違う」のである。

そこで、彼の人生と業績をたどってみよう。

合理主義の失敗を体現したワイマール共和国

シュトラウスは一八九九年にドイツ中部マルブルク近くで、「田舎の保守的な正統ユダヤ教徒の家庭」に生まれ、育った。ドイツ軍での軍務を経て、マルブルク、ハンブルクなど四つの大学で哲学を学び、ニーチェ哲学に傾倒した。ハンブルク大で博士課程を終えた後、フライブルクの大学で研究者として一年を過ごしている。この大学では現象学の祖であるフッサール（一八五九―一九三八）が教鞭をとり、若き日の実存主義哲学者ハイデガー（一八八九―一九七六）が助手を務めていた。

シュトラウスはそこからベルリンのユダヤ研究アカデミーに移ってスピノザを研究し、一九三二年アメリカのロックフェラー財団の奨学金を得て、パリ、さらに英国に移り、ホッブズを研究する。三八年にはヨーロッパを後にして、アメリカに移住した。

ドイツを離れたのはナチスの政権奪取の直前、ヨーロッパを離れたのは第二次大戦勃発の直前というタイミングだ。彼の亡命後、欧州のユダヤ人たちがいかなる運命をたどったかは、ここに記すまでもない。

シュトラウスは戦間期をドイツという二〇世紀動乱の震源地に生き、ぎりぎりのところで運良くアメリカに逃れたユダヤ人である。そのことと、彼が大学で直接、あるいは研究対象として批判的に接した思想家たちの思想が、シュトラウス思想の根幹となっており、その根幹は複雑なかたちをとっている。

シュトラウスは、ユダヤ人大虐殺に至った欧州の歴史と思想に近代合理主義そのものの失敗をみた。彼自身が生きたワイマール・ドイツ（一九一九―三三）の運命こそが、その証明だと考えた。彼はその経緯を次のように見たと思われる。第一次大戦に敗れ、ドイツがやっと自由民主主義体制として生まれ変わったところで「勝利した自由民主主義諸国は、ベルサイユ条約を押しつけるかたちで自由民主主義の原則を裏切り、ドイツの目の前で自由民主主義を貶めてみせた」。すでにドイツには「近代へのさまざまな不満」が生まれていたが、自由民主主義社会には深い信仰のように価値観の核をなすものはなかった。その「虚無」を強靭な意志を持った独裁者ヒトラーが埋めた（『「スピノザ宗教批判」への序言』から）。

ここには、「近代」と、その帰結としての政治体制（思想）である自由民主主義への深い失望感と不信がある。そのシュトラウスを救いだしてくれた国が欧州以上の近代合理主義・自由民主主義の総本山となっていたアメリカであった。これがシュトラウス思想の解釈を難しくしている一因だと思われる。

シュトラウスにとっては、実はナチス・ドイツも、アメリカも旧共産ソ連も、近代合理主義が行き着いた先という意味で変わらなかった。彼はハイデガーの実存主義を解釈しながら自らの近代文明観を語る中で、アメリカと共産ソ連は「形而上学的には同じだ」とい い、どちらが勝とうがテクノロジーによる「平均化と画一化……生の完全なる無化」を世界にもたらし、「孤独な群衆」を生むだけだと断じた（『ハイデガー実存主義への序説』）。

すでに取り上げたラッセル・カークの保守思想におけるアメリカ文明批判・近代批判とよく似ている。ただ、カークの場合は、近代以前の欧州の思想伝統（具体的にはエドマンド・バークの保守主義）に帰って、アメリカの思想状況を立て直そうとしたが、シュトラウスはさらに（古典的）合理主義の出発点である古代ギリシャ哲学にまでさかのぼって思想を立て直そうとしている。

こうしたシュトラウス思想は、自由と民主主義と物質的繁栄を絶対的に信奉し、それを世界に広めていこうとするような「ネオコンの思想」とは本来相容れない。カークとネオコンが鋭く対立したのと同じ理由による。

ネオコンが見いだした「利用価値」

ところが、ネオコンはシュトラウス思想に「利用価値」を見いだした。それはユダヤ人亡命者としてのシュトラウスのアメリカ批判には、カークとは別の陰影があるためだ。

ヒトラーによるユダヤ人大虐殺を生み出すワイマール共和国を逃れて、シュトラウスがたどり着いたアメリカは、シュトラウスの目には「もう一つのワイマール」と映った。シュトラウスの目で見れば、いつファシズムに向かってても不思議でないように思えた。中核に「虚無」を持つ自由民主主義と物質主義の近代国家であった。

シュトラウスの薫陶を受けたアラン・ブルーム（一九三〇―九二）の著書で、ベストセラーとなった『アメリカン・マインドの終焉』（一九八七）は、まさにこの「アメリカのワイマール文化」がテーマである。同書には、ルイ・アームストロングの大ヒット作「マック・ザ・ナイフ」がワイマール共和国の大衆文化の記念碑的作品であるブレヒトの『三文オペラ』（クルト・ヴァイル作曲）の挿入歌「ドスのメッキー」のリメイクであることを指摘し、両文化の類似を指摘する一章がある。

シュトラウスからブルームに引き継がれたアメリカ文明批判は、少数派優遇による多文化主義（同性婚など）で道徳的価値観が揺らいだとして、リベラル（進歩派）を攻撃するネオコンに格好の援護射撃をしてくれた（この多文化主義批判こそ、マクレラン教授が

「人種差別」と感じた理由だろう)。さらにネオコンが宗教右派と連携していく時の論理づくりに役立った。アメリカ文明の中心にある「虚無」を埋めるため、という理屈だ。

アメリカでこうした「思想闘争」が本格化した一九七〇年代後半には、シュトラウスはすでに故人となっていた。著書『ネオコンの論理』(原題は『天国と力について』)によって知られる論客ロバート・ケーガンは、自分はシュトラウスとは無縁だ、シュトラウスは尊敬しないがブルームのようなシュトラウス派知識人には敬意を持っているといった(『ウイークリー・スタンダード』二〇〇六年二月六日号)。近代批判者シュトラウスは理解できないが、ブルームのように思想闘争に役立つ「武器」を直接与えてくれるシュトラウス派の知識人は仲間だとみなした。

では、アフガン戦争やイラク戦争に打って出た9・11テロ後のブッシュ政権の外交の裏にシュトラウス思想があったというのは、どう考えたらいいのだろうか。

これについては、シュトラウス派の代表的論客で『歴史の終わり』などの著者であるフランシス・フクヤマが明快に説明をしている。フクヤマはレーガン政権で実際に冷戦末期の外交にかかわり、9・11後のアメリカの単独主義外交や対イラク開戦を主導した元国防副長官のポール・ウォルフォウィッツとも極めて近い。

フクヤマによれば、ウォルフォウィッツは、確かにシュトラウスがまだ教壇に立っている時のシカゴ大学で学んでいるが、シュトラウスからは特段の教えを受けたわけではない。

『The Rebirth of Classical Political Rationalism（古典的政治的合理主義の再生）』

むしろ同じ大学にいた戦略理論家アルバート・ウォールステッターの強い影響を受けた。フクヤマによれば、シュトラウスは外交政策については何も言及していない。ただ、プラトンやアリストテレスを読解していくなかで、政治におけるレジーム（統治形態）の持つ重要性を強調している。この考え方が、ブッシュ政権に影響を与えた。

レジームとは、単に形式としての統治形態を指すだけでない。それによって形づくられる文化、生活様式、人々の精神の在り方が、政治との間で相互作用を起こす。つまり、人間性に関わるということだ。シュトラウスはギリシャ哲学をそう読んだ。

この考え方を現代に適用すると、圧政国家には外から交渉で圧力をかけても無駄であり、結局その対外的脅威を変えることは不可能だということになる。詰まるところ内側からレジーム・チェンジ（統治形態変更、体制転換）をしないと変わらない。

ネオコンはシュトラウスを現代に当てはめて、そう解釈し、早急なイラク攻撃に踏み切った。しかし、そこにはレジームの思想の読み間違いがあったとフクヤマはいう。統治形態と文化や生活様式は時間を経て複雑に絡み合っており、新しい統治形態を始めるというのは極めて慎重さを要する仕事だという点が忘れられた。圧政が終われば、近代的民主主義が簡単に登場するなどとは、シュトラウスも、彼が読解を試みた古代ギリシャ哲学者らも言っていない。

以上が自身もネオコンといわれたフクヤマの説明だ（拙訳『アメリカの終わり』参照）。このレジームの思想は、帝政ドイツとナチス第三帝国との間ではかなく消えたワイマール共和国に生きたシュトラウスの実体験から生まれ出たものだろう。ネオコンは、そうしたシュトラウス思想の「いいとこ取り」をし、読み間違いをしたということになる。

二一世紀の思想家？

アラン・ブルームは「二〇世紀にハイデガーが占めていたような位置を二一世紀においてはシュトラウスが占めるようになる」と述べていた（邦訳『古典的政治的合理主義の再生』訳者あとがき）。まさにその予言が的中したような状況だといえる。ハイデガーはナチズムと「親和性」があった哲学者だ。それをシュトラウスとネオコンの関係に重ね合わせてみると、ブルームの「二一世紀のハイデガー」という位置づけは興味深い。ただ、ブルームの言いたかったのは、ナチス－ハイデガー、ネオコン－シュトラウスという関係のことではない。二〇世紀思想をハイデガーの巨大な影響抜きに考えることはできないように、二一世紀の思想世界はシュトラウス思想を考えずに解釈できないということだ。

シュトラウスは曲解や誤解をされながらも、アメリカの現代思想に大きな影響を及ぼしている。しかし、アメリカ現代思想史の文脈を離れればハイデガーやカール・シュミット（一八八八―一九八五、『政治的なものの概念』など）ら二〇世紀ヨーロッパ思想の本流と密接につながる思想家なのに、亡命思想家として欧州ではほとんど忘れ去られていた。

彼がヨーロッパの中心部としっかりつながっていたことを知らせてくれるのが、著書『僭主政治について』だ。この本は、シュトラウスがナチスを逃れるように一九三八年に米国移住してから著した。ソクラテスの弟子クセノフォンの残した短い対話編の分析で、初版が出たのは第二次大戦後の四八年だ。

二〇〇七年にようやく邦訳も完成した同書は、クセノフォンの対話編の分析だけでなく、その分析をアレクサンドル・コジェーブ（一九〇二―六八）が批評し、それにシュトラウスが答える論文があり、さらに一九三二年から六五年の長期にわたる二人の往復書簡が付け加わる構成となっている。

ロシアからドイツ経由でフランスへと亡命したユダヤ人コジェーブの一九三〇年代の有名なヘーゲル講義は、サルトルやメルロ＝ポンティらに大きな影響を与えた。さらに下ってフクヤマの『歴史の終わり』のヘーゲル解釈もコジェーブの影響下にある。そのコジェーブは戦後、フランス経済省の官僚として、ヨーロッパ統合を思想と実務の両面で推進した。一九四五年八月には、はやくも統合に向けた最初の提案を当時のドゴール首相に提出している。

『僭主政治について』は、ヒトラーに続きスターリンの専制に欧米社会が直面した中で、アメリカを拠点として古典ギリシャのテキストを読み込んで、あるべき世界像を探るシュトラウスと、ヘーゲル解釈からヨーロッパ統合による「普遍同質国家」追求の道を歩み出すコジェーブの対話編でもある。シュトラウスはそうしたつながりのあったコジェーブの元にブルームを送り込むなど、晩年まで二人は交友をもっていた。

シュトラウスもコジェーブも世を去って、シュトラウスは一部専門家を除けばヨーロッパ社会からは忘れ去られ、アメリカ保守思想史の一角に位置づけられて終わりそうだった。それを変えたのは、冷戦終結と9・11テロだ。ドイツではシュトラウス全集の刊行が進み、フランスでもシュトラウス研究がさかんに行われている。

アメリカへの亡命から七十年を経て、ネオコン経由の回り道で里帰りを果たしたシュトラウスは、二一世紀の思想家として世界中で見直しが始まった。

第六章　ジャーナリズムの思想と機能
——H・L・メンケン（一八八〇—一九五六）

9・11テロからイラク戦争を通じて、アメリカのジャーナリズムはどうなってしまったのだろうかと考え込まされるような出来事が相次いだ。核や生物・化学兵器の拡散問題に詳しい『ニューヨーク・タイムズ』の花形記者ジュディス・ミラーが、ジョージ・W・ブッシュ政権高官らによる対イラク開戦ムードづくりの世論操作に利用されていた疑いが出て、二〇〇五年十一月、事実上の退職勧告を受けて辞職した。

ミラー記者は、ホワイトハウス高官が中央情報局（CIA）女性工作員の名前を違法に外部に漏らしたとされる事件で、この女性工作員の名前を高官に耳打ちされた一人だった。捜査当局の取り調べに「ニュースの出元は絶対明かさない」という原則を収監されても守り抜き、一時は「報道の自由」を守ったヒロインとして持ち上げられたこともあった。

高官に名前を明かされたためCIA工作員としての命を絶たれた女性の夫は外交官で、対イラク開戦の不当性を早くから批判していた。ホワイトハウス高官は「イラク戦争批判封じ」の一方策として、この外交官への嫌がらせにミラー記者を利用しようとしたわけだ。裏にはこの対イラク開戦の急先鋒だったタカ派の高官やその後ろ盾だったチェイニー副大統領とＣＩＡの確執も見て取れた。

この高官は、対イラク開戦前ミラー記者に大量破壊兵器に関する「特ダネ情報」も漏らしていた。『ニューヨーク・タイムズ』はミラー記者の「特ダネ」を有り難がって掲載し、世論は挙げて「イラク怖し」のムードを煽られたが、結局そんな兵器は実在しなかった。情けない顚末だ。

『ニューヨーク・タイムズ』と『ワシントン・ポスト』の米高級二紙は既に二〇〇四年春から夏にかけ、それぞれ自己批判記事を掲載し、イラク開戦までに同国の大量破壊兵器について報じた多くの記事が取材不足の誤報だったと読者にわびた。これとて、米国民の厭戦ムードに便乗したようなところがあった。そのころには、イラクに大量破壊兵器がなかったことが政府自らの調査ではっきりし始め、イラクのアブグレイブ刑務所での米軍によるイラク人収容者虐待事件が明るみに出て、戦争を見る世論の目はすっかり違ってきたからだ。

一九七〇年代には、この高級二紙は国防総省のベトナム戦争秘密文書をすっぱ抜いたり、ウォーターゲート事件報道でニクソン大統領を辞任に追い込んだりして、世論をリードしていった。その活力はどこにいったのか、と問いたくなる。こうした事態はジャーナリズムの活力の有無というより、もっと深いところに根があるように思える。

一連の事件と並行して、アメリカのジャーナリズムについて、さらに見方の修正を強く迫る出来事があった。ウォーターゲート事件で「ディープ・スロート」と呼ばれ、ニクソン辞任に導く深層情報を『ワシントン・ポスト』にもたらした匿名の政府高官が名乗り出た一件だ。当時、若手記者としてウォーターゲート報道をリードした同紙のボブ・ウッドワード現編集局次長もこれを認め、ただちに経緯を記した本を出版した。「ディープ・スロート」は当時の連邦捜査局（ＦＢＩ）副長官マーク・フェルトだった。高齢のフェルトは認知症のような状態で詳細を語ることはできない。だが、彼がすでに書き残したものやウッドワードの回想から、半世紀近く君臨したフーバー長官亡き後のＦＢＩ支配権をめぐるニクソン政権とフーバー派の暗闘の構図が透けて見える。フーバーを継ごうとして果たせなかったフェルトの私怨もうかがえる。

つまるところ、現代アメリカ・ジャーナリズムの金字塔のように見えたウォーターゲート事件報道も、ワシントンの政治ゲームにメディアが使われるというパターンの一つに過ぎなかったのではないか。ＦＢＩの支配権だけでなく、フーバー派の反共勢力が当時のニクソン政権の対ソ・デタント外交や対中接近によるベトナム撤退への動きをいかに憎んでいたかまで考えると、疑念はさらに広がる。そうした構図がおぼろげながら見え出すと、調査報道のヒーローのようにいわれ、９・11テロ後からイラク戦争にかけ『ブッシュの戦争』『攻撃計画』と次々に政権内幕ものを書き続けたウッドワードが、ワシントンの政治ゲームの中で果たしている「役割」はなんなのか、と考え込まざるを得ない。

アメリカの大新聞ジャーナリズムの舞台裏は一筋縄では行かない。活力と思えたものは「胡散臭さ」と表裏一体だったりする。ウッドワードの評判もイラク戦争と政権内幕ものの著作につきまとった「御用記者」臭で崩れかけていたが、フェルト氏の登場がそれに輪をかけた。さらにＣＩＡ工作員氏名漏洩事件で、ウッドワードも政府高官に利用されかけ、その事実を隠していたことが分かり、メディア界の仲間や世論から指弾を受けたりもした。

イラク戦争の「大義」に根拠がなかったことが明らかになった後の目で見ると、9・11テロ後のブッシュ政権の群像を英雄的に描いたウッドワードの政権内幕もののルポは、アメリカの異様な愛国ムードを煽ったという印象を免れない。ただ、ウッドワードはその後、『ブッシュのホワイトハウス』という9・11後の政界内幕ものの第三作で、未曽有の事態に直面したブッシュ政権の姿を描き直し、過去の著作の過失を正そうとしている。

いつの間にか権力との一線が無くなって、ワシントンの政治ゲームに入り込んでいった大ジャーナリストは彼だけではない。二〇世紀アメリカ・ジャーナリズムの代表的存在とみなされ、思想家でもあったウォルター・リップマン（一八八九―一九七四）は若き日に政権の要職につき、その後も歴代大統領の相談に乗ったりした。向こう側こちら側の境がないのだ。リップマンの役割を継いだ『ニューヨーク・タイムズ』のジェームズ・レストン（一九〇九—九五）もそうだった。ウッドワードも似た軌跡をたどったといえる。政権を批判し政策を正させようとするうちに、政策立案に直接取り込まれてしまう。そうなると批判の鉾先も鈍る。

アメリカのジャーナリズムは、そうしたリップマンやレストン、ウッドワード的な流れだけを汲んでいるのだろうか。そうではない。別のところにもう一つの強靭な指針があるから、生きながらえているのだ。

民主主義は胡散臭い

二〇世紀アメリカのジャーナリストとしてリップマンと並び称されながら、まったく異なる生き方をしたヘンリー・ルイス・メンケン（一八八〇—一九五六）である。その生涯と残された膨大な雑文からは、もうひとつの「ジャーナリズムの思想」が浮かび上がる。

メンケンは生涯を生地のボルチモアという地方中核都市で過ごし、地元『ボルチモア・サン』紙を主舞台に活動した。文芸から時事まで広く扱う総合雑誌を起こし、編集者としても活躍する一方、文芸批評などにも筆を揮った。名門ハーバード大を三年で卒業したリップマンのような秀才ではない。高校を出て、小さな新聞の雑報記者からのし上がっていった。そこから独学で実力を磨き、ジェームズ・ジョイスの初期作品を自分の雑誌に載せるほどのすぐれた批評眼を身に付けた。その一方、セオドア・ルーズベルトが共和党大統領候補に選ばれた一九〇四年のシカゴでの同党大会を二十三歳で取材して以来、病に倒れる四八年まで、すべての大統領選の党大会を現場で取材し、毎回生き生きとしたルポを残している。

メンケンは政治、特に大統領選取材は好きだったが、大統領が持つ「権力」が嫌いだった。誰もが二〇世紀の最も偉大な大統領とみなすF・D・ルーズベルト大統領はメンケンの生涯の宿敵であった。国際連盟を生み出すなど、その理想主義で尊敬されるウッドロー・ウィルソン大統領も、理想主義ゆえに忌み嫌った。祖先がドイツ系で「ドイツびいき」だったこともあって、第一次大戦参戦には反対し、結局、新聞記者としては一時、筆を折らざるを得ないところにまで追いつめられた。反対したのはドイツにも理があると考えたからだけではない。それ以上に「民主主義のための戦い」に胡散臭さを見たからだ。対独参戦直後、友人だった作家セオドア・ドライサー（一八七一―一九四五）への手紙で、皮肉をこめて語っている。

「民主主義にとって安全な世界ができあがったら、次にやるべき仕事は世界にとって民主主義が安全になるようにすることだ」

「民主主義にとって安全な世界」はウィルソンの標語だ。この理想を掲げて参戦した。しかしメンケンには、民主主義が広まれば世界は平和になるなど、とても信じられなかった。昨今のように「民主主義国家同士に戦争は起きない」と大まじめで言われるのを聞いたら、哄笑しただろう。煽動されやすく、戦争に突っ走りかねない。それが民主主義なのは、自分の国アメリカを見ればよく分かるではないか。そうした危うい民主主義国家から世界の安全をどう守るか。それこそ課題だ、と思っていた。メンケンは民主主義にほとんど絶望していた。しかし、それをできるだけ楽しんで生きるよりほかはないと覚悟もしていた。「民主主義はたとえようもなく馬鹿げているからこそ、たとえようもなく愉快なのだ。民主主義は度を超した無駄と飾りばかりでいいかげん。どんな政治形態をとろうがそれは同じだ」（『民主主義覚え書き』）

こうしたメンケンの、ある意味で健全な偶像破壊的精神の中にこそ、アメリカのジャーナリズムを支えてきた強靭な精神がある。試しにある時、『ニューヨーク・タイムズ』の一九八一年からのデータベースにH・L・メンケンとウォルター・リップマンの名前で単純検索をしてみたら、メンケンへの言及がなんと倍近くあった。

メンケンは雑多で膨大な量の書き物を残しているが、対象を打ちのめす機知に満ちた独特の華麗な文体には、健全な偶像破壊的精神がうかがえる。

たとえば、メンケンが取材するのをこよなく愛した党大会。四年ごとの大統領選の年の夏、二大政党がそれぞれの大統領候補を選出する行事だ。とてつもなく華やかだが、どこか胡散くさい。そこがいかにもアメリカ的だ。

「陽気でけばけばしく、メロドラマのようで、猥雑で、思いがけぬ興奮を誘うかと思えば、ばかげてもいる舞台が突然現れ、一時間で素晴らしい一年を生きた気にさせる」

メンケンがその党大会を描写した一節だ。彼がアメリカ政治へ注いだ眼差し、保った距離感がよく見える。党大会というといういかめしい名前はついているものの、日本の政党の整然とした会議とは全く違う、一種のお祭りのようなイベントなのだ。四年に一度、アメリカ中から数千人が大都市の大きなスポーツ施設などに集まり、数日かけて正副大統領候補を選ぶ。四年ぶりの再会を楽しむ場であり、一皮めくれば政治取り引きや談合もあるような、そんな猥雑な行事だ。

八〇—九〇年代に『ニューヨーク・タイムズ』紙のワシントン支局長を長く務めたR・W・アップル（一九三四—二〇〇六）は二〇〇四年夏、七十歳を迎える前に政治記者として最後の党大会を取材した際のコラム記事を、前述のメンケンの引用で結んだ。

有力紙『ニューヨーク・タイムズ』のワシントン支局長といえば、時の政権に強い影響力を及ぼし得るポストだ。五〇—六〇年代に同紙ワシントン支局長を務め、さらに編集幹部となったジェームズ・レストンの場合は単に新聞紙上での著述活動によるだけでなく、前述のように政界インサイダーとしてケネディ大統領やキッシンジャー国務長官らの影の相談役になることで、影響力を行使した。メディアと政治の関係を論じる『新聞の砲列』などの著書もある。

9・11テロ以降のアメリカ・ジャーナリズムの行き詰まりは、そのレストンが行ったような「インサイダー・ジャーナリズム」の帰結だ。一九九五年にレストンが八十五歳で逝った時、アップルは『ニューヨーク・タイムズ』紙ワシントン支局長として書いた追悼記事で「政治家や政党ゴロに近すぎたという批判もある」と、亡き大先輩にあえて苦言を呈している。その二年後、彼は「ワシントン政界は変わってしまった」といって支局長を退く。最後の党大会取材のコラム記事をメンケンからの引用で結び、以来グルメと旅行記事に専念した。

その姿勢には今日のアメリカ・メディアへの痛烈な批判がうかがえる。口にこそ出してはいないが、きっと「メンケンのジャーナリズムを忘れるな」と言いたかったに違いない。実際アップルは、メンケン的な生き方をした。

「必ず自分で確かめろ」

「ボルチモアの悪ガキ」。生涯に五百万語以上といわれる雑文を書きまくり、十万通の手紙を残したメンケンは、今もそう呼ばれる。権力を持つものにとってメンケンは「悪ガキ」であり続けた。二〇世紀アメリカを代表する大統領とみなされるウッドロー・ウィルソンとF・D・ルーズベルトが、ともにメンケンの宿敵であったくらいだから、他は推して知るべしである。前述のアップルは〇四年の大統領選の最中、母校プリンストン大同窓会機関誌のインタビューで「メンケンならケリー、ブッシュ両候補をどうみたでしょう」

と聞かれ、「二人ともこてんぱんにやっつけただろう」と皮肉たっぷりに答えている。

十八歳で父親を亡くしたメンケンは、ボルチモアの小さな新聞のアルバイト雑報記者からスタートした。やっと本雇いになった第一日目。編集長から「記者稼業第一条」として言い渡されたのが「サツ（警察）官のいうことを絶対信用するな。必ず自分で確かめろ」。六十歳を過ぎての著書『新聞記者時代』（一九四二）で、メンケンはそう回想している。その第一日目の第一条を守り通したのがメンケンのジャーナリズムだ。

あらゆる権威を疑い、自らの目だけを頼りに進む。メンケンが「悪ガキ」だけでなく、「偶像破壊主義者」「懐疑主義者」ともあだ名された所以だ。いかなる政治家や党派にも特別なつながりや愛着を持つことなく、常に批判の目を向けた。

H・L・メンケン（写真提供：Bettmann/Getty Images）

「上り坂の政治家の美点を探す。それはシラミになりたいやつらの仕事だ。永遠に野党である。それがジャーナリストの仕事だ」（『三十五年の新聞稼業』草稿）

彼が強い愛着を持ったのは、生まれ育ったボルチモアと父親から引き継ぎ生涯離れることのなかったホリンズ通り一五二四番地の自宅と家族、それに祖先の地、古き良き「第二の故国」ドイツだけであった。だから、自分の国アメリカにも距離を置き、「野党」であることができたのだろう。アメリカの第一次大戦参戦を前にドイツにわたり、参戦に至るまで、そこからアメリカの「民主主義」を観察したことが、メンケンの思索に大きな影響を与えている。

ベルリンの街で実際には起きてもいない「米大使が人質に」などのでっち上げ報道で、反ドイツ感情を煽り続けた米英のジャーナリズム。開戦を受けて帰国した米外交団は、虚報で煽られた反ドイツ感情を正そうともしない。ドイツ語教育は中止して、ドイツ語源のハンバーガーをリバティ（自由）サンドイッチに、キャベツの漬け物ザウアークラウトもリバティキャベツと名を改めて気勢を上げる市民たち。不確かな大量破壊兵器情報に煽られた市民とマスコミの支持で対イラク戦争に入り、開戦に反対したフランスへの鬱憤晴らしに、フレンチフライをリバティフライと呼んだ、つい最近のアメリカの原型がそこにある。

そうしたアメリカの姿を見て、メンケンは「民主主義」への疑念を深めていった。

「民主主義の利点は明白だ。多分、人がつくった最も魅力的な政体ということだ。その理由は簡単だ。明らかにうその前提に乗っている制度だからだ。うそは真実に比べていつだってはるかに魅力的で満足がいくものだから」（『民主主義覚え書き』）

メンケンは第一次、第二次両大戦ともアメリカの参戦に反対した。ドイツ贔屓と孤立主義的思考による誤った判断というのが一般の評価だ。しかし、彼の思索の流れをたどれば、それを超えたものがあったことが分かる。「民主主義のための戦い」と言われた戦争に、メンケンがどうしようもない胡散臭さを感じていたのは明らかだ。

そうしたメンケンが早くから共産主義をも「いかさま」だと思っていたのは当然だ。「四、五十トンはある」と冗談に豪語していた覚え書き帳から、晩年にメンケン自身が選りすぐり、一九五六年の死後に公刊されたアフォリズム集『少数派の報告』は、共産主義に限らず、革命思想すべての行く末を予言している。

「あらゆる形態の神学と同じように、共産主義は予言者のさまざまな派閥同士が激しく争って挫折する……予言者たちの共通項はひとつだ。自分は絶対正しいと信じ込み、付き従うものたちも予言者は正しいと信じ込む。キリスト教においてさえ、プロテスタントはカトリックの五倍は馬鹿げている」

最後の一節に明らかなように、メンケンはアメリカ社会の基盤であるキリスト教に対しても「懐疑主義者」だった。無神論者だったわけではない。懐疑の目を向け批判したのはすべての権威主義であり、「教会」もその例に漏れなかったからだ。

名伯楽

「偉大な大統領」はメンケンにとってはいないだけでなく、「偉大な政治家」は彼には一人もいないといっていいだろう。一九世紀末から二〇世紀初頭にかけて、貧しい農民や労働者のための改革運動の旗手となったウィリアム・ジェニングズ・ブライアン（一八六〇—一九二五）にも、同時代を生きたメンケンはそれほど感銘を受けていない。むしろ、ブライアンの晩年には宿敵となっている。進化論教育の是非をめぐって争われたスコープス裁判（猿は人間の祖先か否かを争ったということで「猿裁判（モンキー・トライアル）」とも呼ばれる）では、進化論教育に反対するキリスト教原理主義の立場に立ったブライアンと激しく対立した。

ブライアンはポピュリズムの原点に立つ政治家だが、メンケンの眼にはデマゴーグとしか映っていなかったようだ。ヒトラーがドイツに出てきた時は、これをブライアン流のデマゴーグと見た。ただ、まさかドイツ国民がヒトラーをあそこまで押し上げるとは見抜けなかった。アメリカ人でさえブライアンの三度にわたる大統領選での挑戦を退けたから、という思いだったろう。ドイツ人の良識への思いこみもあった。そういう失敗もある。

しかし、国家と政治の力には一貫して反発しつづけた。一九二〇年代はじめ、ロシアの共産革命が起きた後を受け、アメリカ中が「レッドスケア（赤の恐怖）」に取り憑かれ、共産主義を疑われた人が次々と拘束されたり、サッコとヴァンゼッティ事件のような冤罪の疑い濃厚な事件まで起きたりするなかで、著名ジャーナリストとして最も早く抗議の声を挙げたのはメンケンだった。

当時の状況を、『グレート・ギャッツビー』などで知られる小説家スコット・フィッツジエラルドは「あんなに被害の大きなバカ騒ぎはなかったのに、メンケンが憲法に保障された市民の権利を強く主張するまで、だれもそれに気付かなかった」と回想している。禁酒法や第二次大戦でのルーズベルトの日系人収容に対しても、メンケンは一貫して批判の声を挙げている。

過激な偶像破壊者だったメンケンのジャーナリズムは、政治の流れを予測するようなものではなかった。実際、予測めいたことを書くとはずれることが多かったという。予測は「インサイダー・ジャーナリズム」の良くするところだ。政策を予測しようとすれば、手っ取り早いのは政策をつくる側に回ることだ。大統領や国務長官の影の相談役になればいい。それが予測に価値を置くジャーナリズムの「落とし穴」だ。そうではなく、政策の結果として起きている事態を観察し、諧謔に満ちた文体の批判で、大向こうをうならせる。それこそがメンケンの本領だった。

彼は政治ジャーナリズムでは孤立することが多かった。第一次大戦中、ドイツに同情する彼の報道は、日を追って不寛容になっていく世論に受け入れられなくなった。そうした時、彼を救っていたのは雑誌編集者・文芸評論家としての、もう一つの顔だった。

二十代前半から新聞で演劇評を書き始め、後に雑誌『スマート・セット』『アメリカン・マーキュリー』編集者としてメンケンが世に送り出したといえる作家は、ウィリアム・フォークナー、スコット・フィッツジェラルド、シンクレア・ルイス、シャーウッド・アンダーソン……と数え切れない。二〇世紀アメリカ文学の名伯楽なのだ。二十六歳でアメリカで初めてのニーチェ哲学紹介本を執筆した時は、並行して雑誌に育児ガイドを連載していた。

ジャーナリストにして政治思想家、文芸批評家。メンケンは、「近代」がこれらを分業化し終える前の、アメリカにおける最後の独立独歩の「普遍人」だった。それが今日もメンケンが人を惹き付けてやまない理由だろう。

第七章

リベラリズム
――ジョン・ロールズ（一九二一―二〇〇二）

アメリカ政治を語る時に、とにかくややこしいのは「保守（コンサーバティブ）」とか「リベラル」という言葉だ。それぞれ重たい歴史を抱え込んでいる。

かつてのアメリカでは「保守（派）」という言葉は軽蔑語だった。F・D・ルーズベルト大統領のニューディール政策時代からの「リベラル」隆盛が続く中で、一九五〇年代には米国の政治伝統は「リベラリズム」しかないという見方が主流になった。ルイス・ハーツの『アメリカ自由主義の伝統』（一九五五）という本が出て、そうした見方を支えた……と、ここまで叙述しただけで、もう混乱が始まっている。ルーズベルト時代から隆盛となった「リベラル」とルイス・ハーツが建国時にさかのぼって伝統を探ったリベラリズムの「リベラル」とは同じものだろうか。おそらくまったくと言っていいほど違う。

大陸欧州から英国を経てアメリカに移り住んだフリードリヒ・A・ハイエク（一八九九―一九九二）は自分の立場を明確にするために、まずこの混乱を説明しなければならなかった。混乱はアメリカとヨーロッパの政治伝統の違いにも起因していた。そのために彼は「私はなぜ保守主義者ではないか」というエッセーをものしており、それは代表的著書のひとつ『自由の条件』（一九六〇）の最後に収められている。

アメリカでは「保守思想家」とされたハイエクの説明を嚙み砕いてたどってみよう。ハイエクは、自分は保守主義者といわれるが、実はリベラル（自由主義者）なのだと弁解する。そうした混乱はいくつかの理由があって起きている。政府権力の拡大を防ぎ、個人の自由を守り、広げていく立場は自由主義＝リベラルで、これは古い王権などにしがみついて変化を嫌った保守主義と対立していた。つまり、保守とリベラルは対立していた。ところが、そこに過激に改革を進めようとする社会主義があらわれた。リベラルは改革を嫌うわけではないが、社会主義的な過激な改革には反対する。そこで、リベラルはしばしば保守と組んで、社会主義者らが過激な改革を追求するのを押しとどめなければならなかった。これが一九世紀ヨーロッパの状況だ。

西ヨーロッパはいまもそうした状況だといえるだろう。保守政党と自由主義（リベラル）政党が組んで、社会民主主義勢力と対抗する。リベラルは保守勢力の一角にいるように見える。ネオリベラル（ネオリベ）などといって、古典的な自由競争などの自由主義政策を右翼とみなして批判するのは、社会主義的立場からだ。でも自由主義は保守ではない。保守主義・自由主義・社会主義は、この順番に右から左に並ぶのではなく、それぞれが三角形の頂点にあるようなものだ、とハイエクは言う。

というのは、保守主義と社会主義が連合を組むときもあるからだ。この二つは権威主義的な大きな政府で人々の面倒をみるのが好きな一方で、人々の自由を抑え込もうともする。その時は、自由主義（リベラリズム）が立ち上がらなければならない。典型的なのはファシズムだろう。ここにはナショナリズムの問題が入り込み、さらにややこしくなる。自由主義はナショナリズムではなく、インターナショナリズムにつながっている。

以上のようなわけで、ハイエクは保守主義者ではなく自由主義者（リベラル）なのだが、話がまたややこしくなるのが、アメリカだ。

アメリカはヨーロッパの自由主義思想のもとで生まれたから、自由の伝統を保守するものが保守主義である。ハイエクがアメリカにわたった一九五〇年頃は、自由主義者である彼は保守主義者（コンサーバティブ）とされた。すでにしてねじれているのに、そこに主に戦後になってヨーロッパ型の（王党派的）保守主義を持ち込んだ人々がいた（たとえば、本書で取り上げたラッセル・カークら）。アメリカ保守主義は自由主義とヨーロッパ的保守主義の連合体になっていた。

さらに混乱を助長したのが、リベラル（自由主義者）という呼称だ。大恐慌のころから、アメリカで社会主義的政策を目指す人たちが、アメリカ自由主義の政府主導による立て直しを図った。「大きな政府」の時代だ。それを実施した民主党の人々が、自分たちこそ自由主義を守るリベラルだとして、自らをそう呼んだ。リベラルの意味が変わった。それは今日まで続いている。大きな政府で福祉拡大などを求めていくような人々は、実は個人の自由や財産を犠牲にしても（つまり、税金をたくさん取っても）、貧困対策や医療保険制度などを充実していく。それは遠回りだが個人の自由の拡大になるからリベラルだというのだ。

そこで困るのはハイエクのような自由主義者だ。アメリカでリベラル（自由主義者）といえば、社会主義的思想の持ち主になってしまう。保守主義者だといえば、ヨーロッパ的な保守と間違えられる可能性もある。というわけで、自分は「オールド・ホイッグ」（昔ながらの英国ホイッグ派）だとか、いろいろと言い換えてみるのだが……というのが、ハイエクのエッセーである。実に込み入っている話だ。アメリカでは一般的にハイエクのような思想の持ち主はリバタリアン（自由至上主義者）とか、「古典的リベラル」と呼ぶ。

さて、冒頭に戻って、ニューディール派「リベラル」（社会主義的の意味）の隆盛が続いた一九五〇年代に、ルイス・ハーツがアメリカには「リベラリズム」の伝統しかないといって著した『アメリカ自由主義の伝統』（『リベラル・トラディション・イン・アメリカ』）のタイトルの「リベラル」は「自由主義」の意味なのだが、本の出版当時の「リベラル」人士たちは自分たちこそ正統派であると証明してくれたと誤解した。一方、ハーツは実は自分たちの伝統を応援してくれたのに、保守派は逆だと理解してがっかりした……

とねじれにねじれた現象が起きたのである。

というわけで、アメリカ政治の文脈でリベラルというとき、筆者は「リベラル（進歩派）」と書いて、読者の理解を少しでも助けようと考えている。

軽蔑語になった「リベラル」

さて、そんな言葉の混乱を前提にして冒頭に描いた時代に戻ると、一九五〇年頃には「保守（派）」という言葉は軽蔑語だった。「保守派だのなんだのと、ひどい言葉をわめいて暴れていた男が逮捕された」という一九五〇年頃の街頭の事件ニュースを、保守派コラムニストであるジョージ・ウィルが紹介している。その頃、「保守派」というのは（せいぜい良く言って）「エキセントリック」という意味に近かったとウィルは説明している。

ところが、それからおよそ半世紀、ケネディ－ジョンソン政権時代のベトナム戦争での失策やカーター政権時代の内政・外政での失敗などの後に、レーガン政権が出てきた頃から「保守」の意味は変わってきた。

レーガン大統領は「ルーズベルト連合」と言われた労働者、農民、黒人など少数派の連合を切り崩して、保守連合を形成した。民主党にとって鬼子のような存在だった保守的な南部も共和党支持へと切り替えていった。規制緩和や小さな政府をスローガンに自由主義的な発想でアメリカ経済立て直しを図った。外には、共産圏に対し強硬姿勢に出たのが功を奏し、やがて冷戦の終結に進んでいく。「保守」は輝かしいイメージを獲得していった。その一方で、「リベラル（進歩派）」という言葉が今度は軽蔑語のようになっていく。

九〇年代半ばには当時、「保守革命」を掲げるギングリッチ下院議員率いる議会共和党は歴史的な中間選挙での大勝で、リベラル復活を目指し医療保険制度の大改革などをねらっていたクリントン政権のリベラル政治に大きく「待った」をかけ、クリントン政権の進歩派路線は鳴りをひそめる。むしろ福祉政策の見直しへと進み、ついに「大きな政府の時代は終わった」と大統領自ら宣言するほど、保守にすり寄った。一方で大統領は不倫疑惑で弾劾裁判にまで追い込まれた。リベラルという言葉はますます価値を下げた。

こんなエピソードも思い出す。二〇〇四年大統領選を前に、クリントン政権で大統領首席補佐官を務めたジョン・ポデスタ氏が「センター・フォア・アメリカン・プログレス」というシンクタンクを発足させた。共和党には、ヘリテージ財団やアメリカン・エンタープライズ研究所など、政策提言できる強力なシンクタンクがある。「それらと対抗したい」と、記者会見で抱負を語った。会見の中でポデスタ氏は「われわれ進歩派（プログレッシブ）は……」と何度も繰り返していた。求めている政策内容はリベラルそのものなのに「リベラル」という言葉は一度として口にしない。「リベラルと呼ばれるのは困るのか」と質問をぶつけると、いやな顔をして答えをはぐらかした。

一九九〇年代以降で、「リベラル」と「保守」という言葉のイメージが逆転したといえる。しかしジョージ・W・ブッシュ政権のイラク失政で「保守」の時代も終わり、オバマ政権の登場もあって再び「リベラル」という言葉が復権してきている。

そんなことを思いながら、ある時、戦後アメリカの保守思想史研究では右に出る者がいないジョージ・ナッシュに「リベラルの側で最も影響力があった思想家はだれだろうか」と尋ねてみた。「それはやはりロールズだろう。ロールズの思想が民主党リベラルの政策を支えていたと考えていい」とナッシュはいう。

ハーバード大の哲学教授だったジョン・ロールズのことだ。いわれてみれば納得する。ロールズと代表作『正義論』（一九七一）のことは、現実政治とのアクチュアルなつながりから考えてみたことはなかった。しかし、リベラリズムの興亡をロールズの著作やその生涯と重ねてみると、今さらながら、「思想と時代」ということを考えさせられる。ロールズが「公正（フェアネス）」を基礎とする「正義（ジャスティス）」という概念を提示し始めたのは一九五八年。ニューディール以来隆盛のアメリカ・リベラリズムがいよいよその頂点に達する前夜である。この年、ロールズは学術専門誌『哲学レビュー』に論文「公正としての正義」を発表する。そこで、後の『正義論』を通じて発展していく「正義」の概念の二つの原理の原型が示される。

最初の段階での二原理は次のようなものだった。第一は、人は他の人の自由を侵さない限り、自由への最大限の権利を平等に持つ。第二に、経済的・社会的に格差が許されるとすれば、それはすべての人の利益につながらねばならない。また、他と平等でない地位があれば、だれもがそれを得るチャンスを平等に持つべきだ。

ロールズは当時、オックスフォード大学に留学して帰国後、三十代後半でコーネル大助教授を務めていた。オックスフォードでは自由主義哲学者で思想史家でもあるアイザイア・バーリンらの薫陶を受けた。前述の「正義」の概念は、『正義論』を経て、九〇年代にいたるまで修正を加えながら発展していく。目を向けるべきなのは、その間の時代の有為転変だ。

「公正としての正義」が発表されたのは、アメリカ・リベラリズムが頂点に達する前といったが、頂点とは没落の始まりでもある。リベラリズムが没落の始まりとしての頂点に至るのは六〇年代末から七〇年代はじめにかけてであろう。ジョンソン、ニクソン両大統領の時代である。まさにアメリカ社会に「公正としての正義」を求める動きはその時代に頂点に達する。

最近では冷静な評価が出始めたが、ニクソンというのはむしろリベラル（進歩派）に分類した方が収まりのいい政治家だ。ケネディ政権で本格的に動き出すリベラル政治を仕上げに持って行ったのはジョンソンであり、ニクソンであった。

ケネディ暗殺後の米国民のやりどころのない気持ちを救い出すように、南北戦争後も南部に残された黒人差別を撤廃する一九六四年公民権法を見事な政治手腕で成立させたのはジョンソンである。差別撤廃に政治的ためらいも見せた貴族的なケネディと違い、南部の貧農地帯に生まれ、高校教師からスタートしたジョンソンだからこそ、「不可能を可能にした」といわれる。ジョンソンは再選後、さらに貧困との戦い、福祉拡大、環境保護まで含め「偉大なる社会」の建設に突き進むが、ベトナム戦争の泥沼に足を取られ、六八年の三期目出馬を断念した（一期目はケネディ暗殺による副大統領からの昇格で任期が二年以下だったので、三期目出馬が可能だった）。

ニクソンはリベラルだった

それを引き継いで仕上げたのがニクソンだ。つまり、ニクソンはリベラルな大統領と考えた方が、つじつまがあう。実際、リベラル派の代表的論客であるアーサー・シュレジンガー・ジュニアは、保守政治とリベラル政治の循環を考えるとき、ニクソンは「変則」だと言っている（『アメリカ史のサイクル』）。つまり、どう見てもリベラル政治のサイクルに属する政治家なのだ。テキサス農工大の歴史学者H・W・ブランズは「実績から見て、ニクソンはリベラル」と断言しているし（『アメリカ・リベラルの奇妙な死』）、民主党のD・P・モイニハン上院議員は、ニクソン政権を「戦後最も進歩的な政権」とまで言い切っている。

ニクソンは、ジョンソン顔負けの環境保護を進め、「環境庁」を設立して、大気浄化法を全面改正し強化した。職場安全衛生法、包括雇用・職業訓練法などもニクソン政権の成果だ。人種差別撤廃となっても、実態としてなかなか進まない南部の人種別学校の統合を劇的に進めたのはニクソンの現実路線である。スローガンを叫ぶのではなく、実際の現場での親の話し合いによる漸進的統合を図った。黒人の雇用推進のための積極的差別是正措置（アファーマティブ・アクション）として、連邦政府事業を請け負う企業に黒人雇用を義務づけた。女性雇用差別解消にも取り組んだ。貧困家庭の養育費補助や学校給食など福祉制度を大幅に整備拡大した……。

こう並べると、ウォーターゲート事件のニクソンとは全く違った顔が見えてくる。筆者がニクソン贔屓でいっているのではない。民主党の実力者であったトマス・フォーリー氏が下院議長時代の九〇年代初め、記者会見でニクソンを腐した記者をたしなめて、「ニクソン氏をそんな風にいってはいけない。フード・スタンプ（貧困者への食料券支給制度）を一挙に拡大して、アメリカから飢餓をなくすのに最も貢献したのは彼だ」と言っていたのを今でも覚えている。

そうした潮流の背後に、ロールズの一九五八年の「公正としての正義」から一九七一年の『正義論』に至るリベラリズム思想の発展があった。「正義」の第二番目の原理は『正義論』では、不平等は単に「すべての人の利益」だけでなく、「最も不遇な人々に最大限の利益」となる場合に許される、と定義が発展する。公正を求める思想を提示した『正義論』は競って読まれ、哲学書としては異例の二十万部のベストセラーとなった。当時のアメリカ人が、どのような社会を目指そうとしていたのかが、この第二原理の発展の中にうかがえる。それがロールズの「時代思想」としての意味だ。

そのリベラリズムがなぜ没落していったのか。

９・11テロとその後の混乱は、異なる価値観や信条を持つ人々（国々）は、いったいどのようにして争わずに共存できるのかという根源的な問いを、あらためて世界に突きつけた。古典的な問いだが、グローバリゼーションで世界がますます狭くなる今日、より重たい問いとなっている。アメリカとイスラム過激派だけではない。あの日の同時多発テロを受けて、アメリカが軍事介入に踏み切ったアフガニスタンとイラクの内部で起きていたのも、さまざまな民族・宗教の共存をめぐる問題だ。当のアメリカ自体、一時はナショナリズムに駆られて一枚岩になったようだったのが、やがてイラク戦争をはじめテロ後の対応をめぐり真っ二つに割れ、まるで二つの国になったように対立し、異なる主張や信条が共存できないほどまでに軋みあった。

９・11テロの実行犯の温床となり、その後の大規模テロの標的とされた西欧諸国では、イスラム系移民との共存・共生がアメリカ以上に大きな課題だ。今日の中東混迷の中核にあるイスラエル・パレスチナ紛争も、歴史的怨念を乗り越えて共存できるかどうかに問題の根源がある。

公正（フェアネス）としての正義（ジャスティス）の理論を説く主著『正義論』を著したロールズの問題意識はその後、この争いのない安定した「共存」に収斂していく。

アメリカのリベラル政治が、人種差別撤廃から福祉社会の実現へと「公正」を求めていった時代に、ロールズは「公正としての正義」の二原理（人は他人の自由を侵さない限り、等しく自由への最大限の権利を持つ。第二に、格差は、すべての人に恩恵があり、特に最も不遇な人々に最大限の恩恵となるかたちで許される）を示した。自由と平等という相容れない価値をなんとか結びつけて、自由を重視するアメリカ社会が失いがちな公正さを担保しようとした。ロールズがこの原理を練り上げていった一九六〇年代は、差別撤廃、「貧困との戦い」、環境保護政策のスタート、女性雇用差別解消……と、ロールズの原理が指し示す方向に現実も進んだ。

文化多元主義によって生じた問題

しかし、その改革のヤマを越えた後にやって来たのは、多元社会の突きつける問題であった。差別の解消の後に起きた、人種、性、その他のグループごとの対立である。「公正としての正義」を担ってきた民主党リベラル（進歩派）にとって、新たな大きな課題となった。

それまでは、一つの「正統」があって、それを中心に秩序がつくられ、その秩序を裏返してみれば差別の構図となっていた。つまり、人種で言えば白人、しかもＷＡＳＰ（アングロサクソン系のプロテスタント）を頂点とし、黒人や新移民を底辺に置くような秩序だ。六〇年代に、「公正としての正義」を思想的なバックボーンに据えたリベラリズムが打ち壊したのは、そうした秩序だ。差別を生む制度は解体され始めたが、同時に差別によって維持されていた秩序が崩壊し、次の秩序への模索が始まった。あらゆるグループが、平等だけでなく、それぞれが「唯一の正統だ」と主張し始めた。そこから多元社会はいかにして可能かという、新たな問いが出てきた。

ロールズは第二の主著とされる『政治的リベラリズム』（一九九三）でこの問題に真正面から取り組む。当時アメリカが置かれている状況の中で、彼は次のように問いかけた。「相容れることのできない宗教、思想、倫理上の教義で深刻に分断されている、自由で平等な市民の間で、安定した公正な社会を築きあげることは可能か」。

ジョン・ロールズ（写真提供：Jane Reed/Harvard University）

自由と平等が深化した六〇年代以降のアメリカに現れたのは、それぞれに正統を主張してやまないグループであった。ロールズの『政治的リベラリズム』とほぼ同じ頃に出版されたアーサー・シュレジンガー・ジュニアの『アメリカの分裂　多元文化社会についての所見』（一九九一）が状況を端的に描き出した。ロールズが哲学面で戦後アメリカのリベラル（進歩派）を支えたとすれば、シュレジンガーは現実政治に近い代表的なリベラル論客として活躍していた。

この二人の代表的なリベラル思想家が九〇年代初めに多元社会問題について相次ぎ本を著したことは、それがいかにアメリカのリベラル全体にとって大きな課題であったかを示している。シュレジンガーの本が描いたのは、差別を乗り越えていくアメリカに生まれつつあるのは人種統合の融和の社会ではなく、逆に人種別に分断されていく社会だったという皮肉な事態だ。

たとえば、差別撤廃がもたらした大学入学などでの人種別人数割当（クオータ）が、かえって人種間の摩擦による離反を生む現象を起こした。そうした離反をさらに煽ったのが、人種中心主義的（エスノセントリック）な教育だ。過去の差別への反動として黒人意識を高めようと、西欧白人文明はアフリカに起源を持つというような歪んだ歴史認識まで黒人学生に教え込む授業が出てきた。黒人に限らず、女性も含めた各マイノリティが、そうした自己グループ中心の「思想」をつくり出し、他グループに譲ろうとしない。その結果、文化多元主義を可能にしている「自由、民主主義、人権」といった啓蒙主義の理念そのものまで、「人種差別的、性差別的な西欧白人文化」のものだとして否定されそうになった。

シュレジンガーはそうした状況の中で、あらためて「自由、民主主義、人権」を核にして多文化、他人種の統合の理念を探る努力をするように訴えた。

ロールズの多元社会の安定のための主張も基本的には同じだ。彼はそこで「重なり合う合意（オーバーラッピング・コンセンサス）」という考え方を使う。それぞれ、宗教、思想、倫理を異にするグループは、最低限の共通基盤を維持することで、安定した状態で共存できる。それが「重なり合う合意」だ。つまり、思想・信条が一致しなくても、共存し、議論をしながら社会を発展させていくためには、ともに信じる基礎的な価値観があることが必要だということだ。

ロールズはその「重なり合う合意」、すなわち思想・信条の異なる集団が共存するための共通基盤の核として「公正としての正義」を置いた。『政治的リベラリズム』では、「公正としての正義」の概念はさらに修正が加えられたが、基本的には自由、（機会の）平等といった啓蒙主義の政治理念を指す。

ロールズやシュレジンガーの主張は、一九六〇、七〇年代のリベラル主導の政治改革がもたらした負の側面であるアメリカ社会の新たな分裂に対し、リベラル側から回答を出そうとしたものであった。しかし、その回答は、突き詰めて言えば「アメリカの理念に立ち返っていく」ということであり、ある意味で保守的であった。

弟たちの死

ロールズはハーバード大学の哲学教授という「象牙の塔」にこもる人とみられがちだが、「公正としての正義」の概念の発展していく過程だけをとってみても、差別や貧困などアメリカ社会が直面していた課題と真っ正面から向き合っていたことが分かる。学者となってからの人生こそ物静かではあったが、それ以前に彼が直面した出来事は、間違いなく彼の思想に影を落としている。

ロールズはボルチモアの裕福な弁護士の家に生まれ、幼年時代に弟二人を感染症で相次ぎ失った。二人ともロールズから感染したとみられたため、その精神的衝撃からロールズは吃音障碍を負い、一生治らなかった。それでも、第二次大戦中にプリンストン大学で学んだ時代はフットボールや野球などスポーツで活躍した。ガリ勉だったわけではない。

一九四三年、ロールズは繰り上げ卒業で陸軍に入隊し、太平洋戦線で従軍、ニューギニア、フィリピンなどで戦い、占領軍の一員として日本にも来ている。五十年後に彼が、ヒロシマ・ナガサキの原爆投下について「正当化できない」と発言したのは、こうした戦場体験を踏まえてだ。ロールズが尊敬したのはカントとリンカーンだった。『永遠平和のために』を著した哲学者カントと、奴隷解放のために南北戦争を遂行し勝ち抜いた政治家リンカーン、それぞれの側面を持ったのが思想家ロールズ自身だったといえる。

　ロールズの最晩年の著作は、その死の三年前、一九九九年に出版された『万民の法（The Law of Peoples）』だった。この本も、九〇年代の冷戦後世界に現れた、市民社会が重要な役割を果たす国際政治を映していた。国民国家でなく民衆が単位となるかたちの国際平和システムを描いている。しかし、ロールズはたんなる平和論者ではない。自由で民主的な制度そのものを根底から脅かす勢力に攻撃を仕掛けられた場合の自衛戦争を認める。第二次大戦初期にチャーチルの英国が置かれたように、自由民主主義世界全体の危機に関わる状況下では、市民をも巻き添えにする都市爆撃で反撃したのも正当化できるとする「正義の戦争」論も展開している。ネオコンがなぜリベラルの変形なのかは、こうしたロールズの思想からたどることも可能だろう。ロールズが理想として描いたのは「公正としての正義」に基づき助け合い、「重なり合う合意」で基本理念を共有し、宗教・信条の違いを超えて共存する世界だった。

　ロールズは二〇〇二年十一月に八十一歳で逝った。晩年は九〇年代半ばに患った脳溢血の後遺症で不自由な身になっていた。その不自由な体で、9・11後の世界をどうみていたのだろうか。

第八章

リバタリアン
――ロバート・ノジック（一九三八―二〇〇二）

「フリー・ステイト・プロジェクト（自由州計画）」という運動が『ニューヨーク・タイムズ』紙に大きく取り上げられているのを見て、びっくりしたことがある。南北戦争前に奴隷制を敷いていた南部の諸州に対し、奴隷制を認めていなかった北部などの州をフリー・ステイトと呼んだ。いまでもそんな区別が残っているのかと思ったら、違う話だった。リバタリアン（自由至上主義者）を自任する人たちが「今日のアメリカはあまりにも政府の力が強すぎる」といって、州や自治体の力が小さい北東部のニューハンプシャー州へ移住計画を進めているというのだ。ちょうど、南北戦争前に、奴隷たちが解放を求めフリー・ステイトに脱出したように……。

当時、ニューハンプシャー州は州税・地方税の税率が全米で二番目に低く（一位はアラスカ）、車のシートベルト着用やオートバイのヘルメット着用義務がない。州議会下院議員の年俸は一九世紀末以来、百ドルに据え置かれたままだった。州憲法は「公民の自由が明らかに危機に瀕した場合」の「革命権」（！）まで保障している。規制緩和と「小さな政府」、自由の理念が生きている土地だとリバタリアンたちは見たらしい。ここに全米から二万人が移住し、政治的圧力団体となり、そこを拠点にさらに彼らの自由の理想を実現していこうというのだ。名付けてフリー・ステイト・プロジェクト。呼びかけ人になったのはイェール大学の若い政治学講師で、政策綱領はただ一行――「政府の役割は、生命、自由、財産を守ること。それが最大限」というものだった。

政府は安全と自由を守る警察の役割をするだけでいい。あとは余計だ。つまり、「夜警国家」の理想郷をつくろうという提言だ。移住計画は二〇〇三年十月に始まり、賛同者は数千人となったが、実際の移住者は約三年たった時点で四百人ほど。個人の自由を最大限尊重する人たちだから、なかなか組織的にはことは進まない様子だ。リバタリアンという、アメリカならではの政治運動のエピソードである。

このエピソードが新聞に話題を提供していたころ、別のリバタリアン運動のグループを訪ねて、カリフォルニアに行ってみた。イラク戦争をめぐりインターネット上にantiwar.comという活気のある反戦言論サイトを見つけて、その主宰者の話を聞いてみたくなった。右から左までの論壇誌や新聞コラムの反戦オピニオンをかき集め、独特の論陣を張っている。サイトの閲覧数は日に二十万に及ぶという。明らかにリバタリアン系と分かった。リバタリアン系の反戦の主張には、一九九一年の湾岸戦争の時にも出会っていたからだ。彼らは、戦争は巨大政府を導き出し、市民の自由をとことん侵害するという、その一点から反戦を訴える。

断っておかなければいけないが、リバタリアンと呼ばれる人たちはアメリカの政治地図では「保守」とみなされている。小さな第三政党リバタリアン党もあるが、リバタリアン系の人たちは普通、「小さな政府」の党である共和党を支持している。ところが、「保守」とはいっても、「小さな政府」という主張以外では、どうも他の保守派と意見が合わない。

保守派の多くが反対する妊娠中絶、同性愛者の権利など、いわゆる「道徳問題」では「個人の自由、選択の自由」の立場から、放任の姿勢だ。保守派の多くが支持する銃砲所持では意見が一致するが、マリファナ解禁も訴えたりして、保守本流をとまどわせる。戦争となると、リバタリアンはまず反対だ。

サンフランシスコから湾岸を南に四十キロほど。高級住宅街の邸宅内にあったantiwar.comのオフィスで、リバタリアンの論説主幹であるジャスティン・レイモンド氏は、あっさり言ってのけた。「アメリカの価値を信ずるから、反戦。戦争を支持して、市民の自由を守ることはできない。戦時には必ず自由は奪われる」。

邸宅の一部を反戦サイト運営に提供するコリン・ハンター氏は、シリコンバレーでＩＴ企業を創業した実業家だった。戦争に伴って「肥大化する国家」は「個人の自由、創造力」だけでなく自由なビジネスまで妨害する、と怒りをあらわにしていた。彼らの話を聞きながら、ワシントンにあるリバタリアン系シンクタンク、CATO研究所のことを思い出した。進歩派のブルッキングズ研究所、保守系へリテージ財団など著名なシンクタンクに劣らぬ立派なビルを構えている。レーガン政権に人材を送り出すなど保守政治に影響を持った。創立メンバーの一人はカリフォルニア州知事時代のレーガン氏の側近だ。

保守系シンクタンク、特に「小さな政府」論の拠点として、CATOは一定の影響力をワシントンの政界に行使している。ところが、外交・安全保障となると、七〇年代末の発足時から北大西洋条約機構（NATO）脱退、在韓・在日米軍撤退など独特の主張を展開し、異彩を放っていた。九一年の湾岸戦争にも反対した。そのCATOはカリフォルニアで発足している。発足以来の理事長エド・クレイン氏はカリフォルニア出身だ。レーガン政権と強いつながりを持ったのもカリフォルニアの縁だ。

後述するが、リバタリアン思想の淵源はジョン・ロックにさかのぼり、建国の父祖の一人ジェファーソンの主張を汲み、二〇世紀にはフリードリヒ・A・ハイエクやミルトン・フリードマン（一九一二―二〇〇六）といった経済学者の思想に流れ込んで、精緻な理論化を見た。

アメリカでこうした思想の強い影響を受けた人々が、自らを「リバタリアン」と呼び、一つの思想グループを形成していると自覚するようになったのは、一九五〇年代以降のように見受けられる。そうした人たちはアメリカには昔からいたのだが、自分たちの思想を系統立てて説明する思想家がみつからなかった。

リバタリアンという呼称の問題については、ジョン・ロールズの章でも紹介したが、ハイエクの「私はなぜ保守主義者ではないか」と題されたエッセー(一九六〇年の著書『自由の条件』の末尾にある)に説明がある。アメリカでは自由主義者を指すリベラルという言葉が、大恐慌時代のF・D・ルーズベルトの社会主義的な政策を支持する人々の呼称となってしまったので、「小さな政府」を求め、個人の自由を広げようとする人々はリバタリアンと呼ばれるようになった。一八世紀に「自由意思論者」という意味で使われ、一九世紀後半からは「思想や行為の自由を強く主張する人」という意味に変わった「リバタリアン」という名称が持ち出され、使われるようになった。

カリフォルニアという風土

リバタリアンたちが、第三政党としての「リバタリアン党」を七〇年代はじめに結成したとき、創設時の党員約五百人の半数はカリフォルニア州民だった。CATO研究所は政党としてリバタリアン運動には限界があると見切りをつけて、そこから別れ、あくまで思想運動として政治を動かしていこうと、七七年にサンフランシスコで発足した。カリフォルニア州から減税と「小さな政府」をスローガンに中央に打って出たレーガン政権の発足後まもない八二年、政権を追うようにワシントンに移転する。

こうしたすべてが、リバタリアン思想とカリフォルニアの縁の深さを物語る。なぜなのか。リバタリアン運動についてのいくつもの著書を持つ、ＣＡＴＯのデイビッド・ボウツ副理事長によると、「アメリカは世界中の自由を求める人を惹き付ける。アメリカ中の自由を求める人はカリフォルニアに惹き付けられる」からだという。そのカリフォルニアでも、シリコンバレーに代表されるＩＴ産業が、「自由と創造性」を求めるリバタリアン思想の人々を惹き付ける、と自らＩＴ企業を創業し、antiwar.com を支援するコリン・ハンター氏はいう。

確かにインターネットの世界はリバタリアンだ。国境を越えるネットの世界では、（中国のような例外はあるが）政府の規制はほとんど意味をなさない。政府の規制のない自由こそ、人類発展のカギと考えるリバタリアン思想は、たとえばブログの世界に感じられないだろうか。国境だけでなく、既成の枠をすべて越えて行われる自由な議論の世界にうかがえないだろうか。さらにいえば、インターネット上で誰もが参加できるソフトウェア開発など「オープンソース」という現象もそうだ。中央集権的な指導部がなくても、みんなが情報を共有し、自発参加で課題を次々と克服していく。これはまさに、リバタリアン的な世界だ。中央政府が介入しない方が問題は早く解決できる、「政府は問題の解決にならない。政府こそが問題だ」（レーガン大統領）と考えるリバタリアン思想が、明らかに反映している。レーガン自身はどう自覚していたかは別として、その政権には当初ＣＡＴＯ

研究所幹部が参画したし、リバタリアン思想の影響を受けた人々がかなりいた。

アメリカ社会を考える時、この「政府や中央集権化された力によらない自発性」というのがカギとなる。思想傾向を見ると、リバタリアンは右なのか左なのか、ちょっと分かりにくい。「小さな政府」を目指すということで、共和党側にいるが、「小さな政府」を少し別のアングルで見れば、反政府権力だ。政府権力を最小限に抑えようとすれば、限りなくアナーキズムに近づく。実際、六〇、七〇年代には、主にカリフォルニアで学生運動に挫折した若者たちがリバタリアン運動に流れ込んできた。五十代半ばのコリン・ハンター氏も学生時代は左翼だったという。二〇〇四年大統領選でも、リバタリアンの若者たちに、イラク反戦を強く訴えた民主党ハワード・ディーン候補（のちに民主党全国委員長）を支持する動きが出た。

そうしたリバタリアンたちの思想の奥を探りたいと考え、CATOのエド・クレイン理事長に話を聞いたことがある。「われわれに最も強く訴えかけてくるのは、最善の統治は最小限の統治であるとしたジェファーソンの哲学だ」。年金など社会保障制度、教育、麻薬取り締まりなどすべて「立法措置に頼れば、政府の介入が必ず良からぬ結果を生む。社会の自発的意思を調整して対応するのが最も好ましい」との説明を受けた。ある意味でアメリカ建国以来といえるほど古い思想なのだ。

それを哲学体系にまで高めたのがハーバード大学の哲学教授だったロバート・ノジック

で、その著書が『アナーキー・国家・ユートピア』(一九七四)である。

最小限国家

「個人は権利を持っている。個人に対して、いかなる人や集団も(個人の権利を侵害することなしには)おこないえないことがある」。有名になったこの一節で同書を説き起こし、「最小限国家論」を展開したノジックは、アメリカ的思想であるリバタリアニズムを、哲学として深めた思想家だ。リバタリアニズムは古典的な自由主義思想という意味では欧州に淵源がありながら、いまではアメリカで最も力強く動いている。リバタリアン的傾向を持った政策を時にはネオリベラリズム(新自由主義)といったりもするから、まだまだ呼称の混乱はある。

ノジックが現れるまで、リバタリアンらの思想を支えてきたのはハイエクやフリードマンといった経済学者が中心だった。彼らは経済の問題から政治的自由の問題へと踏み込んでいった。ノジックは、そうしたリバタリアン思想を哲学体系にしようと試みて、「最小限国家」を説く『アナーキー・国家・ユートピア』を著した。哲学としてのリバタリアニズムの金字塔となった。

この本が現れた時代背景を考えてみよう。その大部分は、ニューヨーク市に生まれ、東部ですべての教育を受けたノジックが一九七一—七二年にかけ、カリフォルニア州のスタンフォード大の研究所にいた間に書かれている。あらためて、カリフォルニアとリバタリアン思想のつながりを強く感じさせる出来事だ。全十章のうち最終章（ユートピアに関する章）だけは六九年に執筆済みだった。

六九―七二年というのは、まさにアメリカの「大きな政府」の時代が頂点に達し、反省の時期に入る潮目である。政治的には黒人解放と「貧困との戦い」をテーマにした「偉大なる社会」のジョンソン政権の高揚と混乱がベトナム戦争泥沼化のうちに終わり、「法と秩序」のニクソン政権へと移る時期であった。そのニクソンが実は福祉の拡大に努めた「大きな政府」の継承者であったことは、存外忘れられている。

そうした中で、まさに「大きな政府」による平等社会を追求してきたニューディール以来のアメリカ・リベラリズムの哲学的な支柱として登場したのが、前章で取り上げたジョン・ロールズの『正義論』（一九七一）であった。自由と機会の平等、そして就中《なかんずく》、富の分配の不平等を解消する公正な社会制度を目指すことを「正義」とする理論体系だ。ロールズはハーバード大でノジックの先輩に当たる教授だった。

先輩教授の大著を草稿段階から読んでいて、カリフォルニアのスタンフォード大に出向中に、出版された本を受け取ったノジックは、ロールズがロックやカントに立ち戻って「正義」のための公平の論理を組み立てたのに対し、やはりロックやカントを足場にして自由のための「最小限国家論」を構築し、『正義論』への根底的な批判を試みた。まさに

「平等」と「自由」それぞれの主張の真っ正面からの衝突といえよう。それは、七〇年代後半の実際の現実政治の戦いともなっていく。ニクソンの後に現れたカーターは、アメリカ立て直しを目指し規制緩和を試みながらも政権は失速、やがて本格的な保守政治家レーガンが登場して、「小さな政府」を追求しながら、アメリカならではの自由主義の徹底を図ろうとする。

そうした時代のとばくちにいたノジックの主張のポイントは、まず「個人の権利に対し他の人や集団が行うことを許されないことがある」という大前提に立って、「個々人は目的なのであり手段としてはならない」としたことだ。つまり、社会の「最大多数の最大幸福」を目指すという理由で、個人が持つ「生命・自由・財産（あるいは幸福追求）」（ロック、ジェファーソン）の権利を政府が侵害するのは、個人を「手段や道具」として扱うことであり、不正義だとノジックは主張した。

ロバート・ノジック（写真提供：Harvard University）

「最大多数の最大幸福」的な功利主義の論理の行き着くところは、なるべく多くの人の生命を救うため少数者の犠牲はやむを得ない、つまり「個人の生命への権利」まで否定する論理につながる可能性がある。ノジックはそのようにして生命にまでいたらずとも、全体の幸福増進のために個人の財産を奪うことを拒否する。つまり、政府による福祉政策の否定だ。

そうした基本認識で、ノジックは「自然状態」の中で人々が「生命・自由・財産」の権利を守るために自主的につくる団体（アソシエーション）、その団体の連合体への発展から「最小限国家」を導き出す。「最小限国家」とは個人の権利を侵害することなく、暴力・盗み・詐欺から人々を保護し、契約の執行を保障し、トラブル仲介の裁判などを行うだけの、いわゆる「夜警国家」である。

「最小限国家論」を導き出す『アナーキー・国家・ユートピア』のノジックの哲学的叙述を追う読者の脳裏に浮かび上がってくるのは、まさに深い森林や原野の中に孤立して開拓者として入り、徐々に近隣の開拓者を見つけてコミュニティを作り、制度を整えながらも、自由人としての権利を絶対奪われまいとした初期アメリカの開拓者の姿だ。そこから独立心旺盛で力強いが、粗野で残酷でもある資本家たちが誕生していく様子も思い浮かぶ。『アナーキー・国家・ユートピア』は、哲学用語でうたわれたアメリカという「詩」だといったら、いいすぎであろうか。

ゲイツやバフェットの生き方にも

ノジックの「最小限国家論」に対しては、当然ながらさまざまな批判が出た。特に、そうしたリバタリアンな世界で生じる貧富の格差、不平等はどう解消していくのか、という根源的な問題がある。『アナーキー・国家・ユートピア』は「国家は強制措置をとることは許されない……自主的（に行なう）道が残されている」というだけだ。ならば、病に冒されて生活を支えられない人々を最小限国家はどうするのか。国家は強制措置をとることを許されないというのは、税を強制徴収するかたちで所得の一部を再配分してはならないということである。

実際にそうした所得再配分システムが完成する以前の一九世紀には、なにが起きていたか。非営利の大病院や孤児院、救世軍、ＹＭＣＡなど今日まで続く歴史を誇るさまざまな福祉事業団体は、そのころに次々と生まれたものだ。ノジックが「自主的道が残されている」という通り、人はそうした方向へ向かうのも事実だ。もちろん、それだけでは近代社会の悲惨を解消できないからこそ、所得再配分のシステムが生まれ、社会主義思想が出てきたわけだが、逆にそうした一種の「強制」により人（の精神）は何かを失っていくのかも知れない。重たい問いかけである。

アメリカでは所得再配分を政府の強制に任せるより、自分たちの手で自由にやっていきたいという気風が強く残っているように思える。二〇〇六年六月、世界一の富豪であるマイクロソフト会長ビル・ゲイツ氏夫妻が運営する三百億ドル（当時の為替レートで三兆四千億円）の慈善基金に、世界第二の富豪で投資家のウォーレン・バフェット氏が自分の資産の大半である三百十億ドル（同三兆五千五百億円）を寄付し、世界をびっくりさせた。ゲイツ氏はマイクロソフト経営の一線から退いて「ゲイツ基金」の運営に専念する将来の方針を発表し、一方バフェット氏の方は同基金の半分以上を寄付しながら、自分の名前を付けることさえ求めなかった。

もちろんアメリカ史上最高の寄付額だ。石油王ロックフェラーや鉄鋼王カーネギーといった歴史上の大富豪も基金を寄付し、いまでも慈善事業が続いているが、寄付の額は現在のドルに換算して数十億ドルで、桁が違う。富豪バフェット氏は元来、「児孫のために美田を買わず」の信条の持ち主だといわれる。親の資産で贅沢な生活をしている人々への軽蔑を隠さず、本人は出身地であるネブラスカ州オマハで三十代のころに三万ドルで買った家に住み、質素な生活を続けている姿がよくメディアに取り上げられる。

ノジックが描いたような、リバタリアニズム（自由至上主義）という思想を考えるとき、この二人の大富豪のエピソードは示唆に富む。公平性による「正義」の維持を考えるうえで、バフェット氏の行為は興味深い。さまざまな動機が背景にあるにせよ、まさに個人資産を投げ出すようにして巨大な慈善基金をつくる資本家たちが陸続と現れたのがアメリカの歴史だ。政府や国家だけが公正や正義への責任を担うわけではない。そこにリバタリアンな思考の伝統を持ち、ダイナミックに歩んできた社会の力がみえる。

ロシアからのユダヤ移民の子に生まれたノジックは、高校時代には社会主義運動に加わり、コロンビア大学生時代は過激派学生組織のリーダーであった。そこから、リバタリアン思想に入っていった。アメリカでの思想遍歴のひとつのパターンだ。『アナーキー・国家・ユートピア』を処女作として著したことについて、ノジックはのちに「若いころの著作が主著とされるのはいただけない」「あの本はハプニングだった」と回想し、さまざまな批判に対しても「あの本の続編を書くつもりはない」と拒み続けた（著書『ソクラテス的パズル』）。処女作から距離をおくようにして、ハーバード大教授として広範な哲学的課題に取り組んだ。

五十代半ばで胃ガンを患い、二度の手術、化学療法など受けながら、著作活動を続け、結局生涯に六冊の著書を残し、二〇〇二年に六十三歳の若さで亡くなった。

リバタリアニズム哲学の金字塔とされる『アナーキー・国家・ユートピア』は、ノジックが著した書というよりも、アメリカの根っこにある自由の力がノジックを突き動かして書かせた思想書のようにみえる。一方で、彼の中にあるユダヤ人の血が、あらゆる強制からの自由を求めさせたところもあるのかもしれない。

第九章

共同体主義
――ロバート・ニスベット（一九一三―九六）

ナショナリズム、共産主義、全体主義、大量殺戮兵器……。「近代」の生んださまざまな思想や国家観、そして科学技術が、前近代的な王朝専制と結びついて、おぞましいような奇形となっている国、北朝鮮。国際社会は、そんな国家とどう対応したらいいのか考えあぐねている。繁栄の東アジアのど真ん中にあって国民を飢餓に追い込んでいる北朝鮮が核実験を初めて実施したのが二〇〇六年十月九日。

その七日前、世界はもう一つ、全く別の意味で考え込まされるニュースに接していた。米ペンシルベニア州にあるプロテスタントの一派アーミッシュの学校で、少女五人が射殺された。自動小銃などを持って教室に乱入した男は、六歳から十三歳の少女だけを人質に取り次々と射殺した。男が銃を向けた時、十三歳の少女は「私を最初に撃って、あとの子供たちは解放して」と訴え、けがだけで生き残った十一歳の妹も「次は私を撃って」と訴えたという。それだけではない。男は少女らを射殺した後に自殺したが、犠牲者の親たちは男の家族を許し、アーミッシュの人々は男の妻や子供たちを抱擁したことなども伝えられた。

近代の最先端を突っ走るアメリカの中にあって、アーミッシュは、近代的生活様式を拒み、電気も使わず、自動車も運転せず、衣服も質素に徹し、前近代的コミュニティ（共同体）をつくって信仰を守ろうとしている人々だ。ここには、国民に塗炭の苦しみをなめさせながら核兵器をもてあそぶ北朝鮮国家の異様さと対極の不思議さがあった。ほんの一週間という時間の中で、これら二つのニュースに接した時、めまいを起こしそうになったほどだった。

その感覚が、二〇〇三年秋のある出会いを思い起こさせた。イラク戦争でブッシュ大統領が勝利宣言したものの殺戮は収まらず、二〇〇四年の大統領選予備選へと向かう頃だった。アメリカの個人主義が行き着いた現状に鋭い批判の目を向けた名著『心の習慣』（一九八五）などで知られる社会学者ロバート・ベラー・カリフォルニア大学名誉教授に、西海岸での仕事の合間を縫って会いに行った。教授はイラク戦争だけでなく、そこから見えた現代アメリカ社会すべての有り様に絶望し、どこかよその国に移住したいくらいだというので驚いた。

アメリカの良き特性の根源にあると理解されてきた清教徒的な宗教心が、合理的だがあまりに「個人主義的」過ぎる社会をつくり出し、その悪弊がいま噴出しているというのだ。教授はさかのぼって、「神と個人」を直接向き合わせるようになった宗教改革が間違いだった可能性があるとし、カトリックに立ち戻ることで再び「他者とともに生きる」人間本来の姿に戻れないかと考えているという。

「このごろはカトリックの人々とよく話をする。彼らの方が公徳やコミュニティということを強く意識している。でも、カトリックもこの国ではどんどん個人主義化している」。教授は悲しそうに語った。

これら三つのエピソードは一つの糸でつながっている。われわれがいま北朝鮮国家に見ているのと似たおぞましさを、ベラー教授はイラク戦争最中のアメリカ国家の中に見ていた。それは近代的なものが集約されて奇形をなす「戦争国家」だ。そして、アーミッシュや古いカトリックのコミュニティの前近代性の中に、そこからの「救い」のようなものを見ようとしている。そんなふうに考えると、戦後アメリカのある思想家を思い出さずにはいられない。ロバート・ニスベットだ。

『共同体の探究』

ベラー教授のように、個人の自由を重視する個人主義の行き過ぎに批判的な目を向け、人がコミュニティの中で生きることを重視しようとする立場を、一般的にコミュニタリアニズム（共同体主義）と呼ぶ。教授もコミュニタリアンの一人に数えられている。

この思想グループは、第七、八章でそれぞれ取り上げた『正義論』のジョン・ロールズやリバタリアンのロバート・ノジックが、思索の基礎を「個人」に置いて自由や公正の論議を展開していくのに対し、コミュニティ（共同体）の中における人を基礎に社会や政治の在り方を考える。一九八〇年代には、今日一般に知られるコミュニタリアンと、ロールズらリベラル（進歩派）の間での人間存在をめぐる論争（自由主義・共同体論論争）が始まって思想界の注目を集めた。それよりずっと以前に、「コミュニティにおける人間」の大切さという観点から、よりスケールの大きなかたちで徹底した現代社会批判を繰り広げていたのがニスベットだった。

ニスベットが代表作『共同体の探究』を出版したのは一九五三年である。第一章で紹介したラッセル・カークが、代表作『保守主義の精神』を出版したのと同じ年だ。二人の魂の姿が似ていたことは、後述したい。

「秩序と自由の倫理学における一つの研究」と副題がついた『共同体の探究』は、西洋の近代の歴史は、「（中世社会の）家族の絆が根こそぎにされ、村が崩壊し、手工業職人らが行き場を失い、古くからある（社会）保障の絆がずたずたにされて」きた過程に他ならないが、「合理主義の使徒たちは、それを『進歩』に不可避のコストだという」と批判する。

ニスベットは、家族や小さな地方共同体、あるいは教会を中心とした信仰者の集まりなどを国家（社会）と個人の間の「中間社会（結合）」と呼ぶ。それらが、「遠い昔から」担ってきた心理的役割とともに消えつつあることこそが、現代社会の危機の根源だと主張した。人が自分は何者であり、どこに帰属するかを知ること（アイデンティティ）の基礎をなす「愛情、友愛、名誉、認知」は、中間社会の中でこそ得られるのに、その中間社会は凋落の一途をたどっている。アイデンティティの基礎が掘り崩されている。人が働き、愛し、祈り、善と悪や罪と清浄を実態として感じ取り、自由と秩序を守ろうとするかどうかは、この中間社会の帰趨にかかっている。共同体のないところに真の自由はない、という。

ニスベットは近代の歴史が、家族や村落共同体、教会を中心とした教区の共同体、職人や商人のギルドを打ち捨ててきたのは、近代啓蒙思想の原点となったホッブズ（一五八八―一六七九）やルソー（一七一二―七八）が「個人と国家」の社会契約という理論を創り上げていく中で、中間社会の問題がすっぽりと抜け落ちたためだとみた。特にルソーの社会契約論は、「個人を伝統的な結合の鎖から解放するとともに、国家の力を、それを制限してきた数多くの封建的な慣習から解き放った」。そこから導き出されたのは、民主的な近代社会に生きる自由な個人どころではなく、人々とのつながりを断ち切られ「砂粒のようにばらばらになった（atomized）」個人と、そうした砂粒の個人を支配する強い政治力を持った国家だった。

フランス革命とその後に現れた社会こそが、まさにそれであるとニスベットは考えた。人々は砂粒のような状態から逃れようと、新たに共同体の回復を求めだすが、一方にはすでに強大になった国家が立ちふさがっているというのが彼の現代社会観だ。中間社会を根こそぎにしたフランス革命。それによって始まった近代国家は、戦争と革命を続け、ますます肥大化し、その下で、孤立した「個人」たちが何の抵抗する力もなく、国家のなすがままにされている。

南部の思い出

われわれは古くからの教会や寺を中心とするコミュニティや、同じ職業人同士の組合組織こそが人間の平等と自由を妨げてきたとみがちだ。だが、前述したような近代国家のイメージから、なぜニスベットが中世的な「中間社会」が人間の自由のために必要と考えたのかが分かる。

そう考えたのはニスベットだけではない。『アメリカのデモクラシー』を著したフランスの政治思想家アレクシ・ド・トクヴィル（一八〇五―五九）は同書で、「平等」によって、人々を結びつける共通の絆が失われたところに、専制政治が人々の間の障壁を築き上げ、ばらばらになった人々の間には互いへの無関心が生まれると警告した。

平等な人々の孤立につけいるそうした専制から逃れようと、アメリカ人はタウンミーティングを基礎とする小さな自治体やさまざまな団体を自発的につくっていることに、トクヴィルは気付いた。新しい「中間社会」である。トクヴィルと、彼を引き継いでフランス革命への思想的な「反動」として始まったとされるフランス社会学からニスベットは大きな影響を受けた。平等主義の専制は、一方でロシア革命を引き起こし、他方でナチズム、ファシズムへと至り、砂粒のようにばらばらになって孤立する個人のうえに、巨大な「合理的で科学的」な国家が立ち上がる。全体主義国家の誕生だ。それがニスベットの近代史観である。

「理想をドグマへとねじ曲げていく人間の能力は際限がない。この点で二〇世紀の記録を振り返るとおぞましい。自由、平等、博愛、正義といった近代的政治ドグマの名の下に、拷問を受け、脅迫され、銃殺刑、絞首刑、毒殺に処され、牢獄につながれ、国外追放される。二〇世紀にそうした目に遭った人は、それまでの歴史上のすべてを合わせたより多いだろう」（エッセー集『偏見』の中の「ドグマ」より）

二〇世紀が生んだ、そうした近代の「奇形」の残滓が北朝鮮だ。それが核兵器を手にして、もてあそんでいる。しかし、その反対側に立つアメリカも近代の病理から逃れてはいない。ニスベットは、そうしたアメリカの病理を鋭く描き出した思想家だった。

こうしたニスベットの思想はどこから生まれたのか。大学教員として生地カリフォルニアで生涯のほとんどを過ごし、晩年は東部に暮らした彼の人生に、一九四三年から四六年の従軍を除けば、特筆するような事件は起きていない。

ただ、子供時代を過ごしたロサンゼルス郊外の砂漠の中の石油掘削の町の醜さ、その後一時移り住んだ父親の故郷、南部ジョージア州メイコンの町の美しさ。その対比をニスベットは語る。そこで近代と前近代の対比を見たのかもしれない。メイコンには五歳の時から二年間住んだだけでカリフォルニアに再び戻ったが、「自分が南部人であるという感覚を乗り越えるにはずいぶんと時間がかかった」。学生時代になって愛読した本は、南部の十二人のアグレリアン（農本主義者）らが一九三〇年に著した『わが立場を保持す』であった。それは北部から押し寄せる「産業化」を拒み、農業社会としての南部を守ろうとした詩人たちの書である（第四章参照）。「（その本の内容に）すぐに同意できたのは、わたしが政治的には保守主義をとるようになる起点において、南部保守主義の影響をかなり受けたことを示している証拠だろう。メイコンでの二年間の結果だ」と回想している。

博士論文は「啓蒙思想への反動」

そうした南部気質があったためだろう、カリフォルニア大学の学生時代、図書館司書手伝いのアルバイトをしながら、一九世紀フランスの保守思想家らの著作を見つけて惹き付けられ、のめり込んでいった。ドメストル、ラムネー、シャトーブリアンらは、当時のアメリカではまともな研究対象にはされていなかった。ニスベットの博士論文は、そうした思想家らによる「啓蒙思想への反動」を論じた。

太平洋戦線での従軍を終えて、戦前からのカリフォルニア大学での学究生活にもどり、次に惹き付けられたのは、アメリカ思想界があらためて「発見」しつつあったエドマン

『Robert Nisbet』（Brad Lowell Stone）

ド・バークであり、アレクシ・ド・トクヴィルだった。ちょうど、第一章で紹介したラッセル・カークがスコットランドのセント・アンドルーズ大学に留学し、バークを読み込んで、名著『保守主義の精神』の執筆にとりかかっていた時期と重なる。やがてカークの本にやや遅れて、同じ年にニスベットの主著『共同体の探究』も世に出る。この二冊は戦後アメリカの思想に大きな影響を及ぼしていく。

『保守主義の精神』を読んだニスベットはカークに手紙を書き「知識人が保守主義に対して持っていた拒否感を打ち破ってくれた。不可能と思われたことを実現した」と称賛した。一方、カークも自伝でニスベットの『共同体の探究』が出版された時「思想上の同志が現れたように感じた」と回顧している。

第一章で述べたように、カークは保守思想家といわれるが、実はアメリカでは新しいタイプの思想家であった。アメリカにはほとんどなかったヨーロッパ型の「近代への懐疑」を持ち込み、植え付けた思想家だった。ニスベットも同じだ。彼はヨーロッパから一番遠く離れたカリフォルニアの大学の図書館に打ち捨てられるようにしてあったフランスの反啓蒙思想家たちの本をひもといて、「近代」を突き進むアメリカに知的に挑んでいく手がかりを得た。二人の間には「思想的同志」という思いが行き交っていたのは理解できる。

ニスベットにとって保守主義とはなんだったのか。後期の名著とされる『偏見』で彼はこう言い切る。「この思想体系の精髄は、中央集権化する政体から……まず家族、近隣、地域コミュニティ、地方を守ることである」。それは、ミシガンの森林の奥で父祖の地で思想を紡ぎながら、近代になぎ倒された森の木々を取り戻そうとするかのように木を植え続けていたカークの感情に通じる。

そのニスベットの思想には学究生活の途中で経験した第二次大戦が大きな影を落としているようにみえる。近代的な民主主義というのは戦争との密接なつながりの中で生まれたものだ、とニスベットは言う。「(フランスの啓蒙思想家) コンドルセが断言したことがあったが、歩兵の役割が大きくなったことで、近代西洋は民主主義へと近づいていった」。

歩兵。それこそが「中間社会」の中での人と人とのつながりを奪われ、「砂粒のようにばらばらになった (atomized)」近代人の象徴であった。平等ではあるが、国家の力によって古い共同体の残滓から無理やり引きはがされて「個人」にさせられ、並ばせられて戦場に送り込まれ、死に向かわせられる。

歩兵は平等だ。古い共同体でどんな役割をしていたにせよ、同じ衣服を着せられ、同じ食料をあてがわれ、同じような死を迎える。これほど〝民主的〟なことはない。

「近代の民主主義というのは、革命によると同時に、（それに伴う）戦争そのものの中で誕生したといえる」。フランス革命でもアメリカ独立革命でも、革命理念そのものというより、革命にともなう戦争の中で、戦争遂行の必要に応じて大衆参加の議会や政府のかたちを決めていった。「近代国家は戦争とその必要から生まれた。国家とはそもそものはじめから戦争遂行能力のひとつの制度化にほかならない」。

以上は、ニスベットがベトナム戦争中に書き継いだ主著のひとつ『権威の黄昏』（一九七五）の中の記述に表れた、彼の民主主義観、近代社会観だ。だから、「社会の中において軍隊、あるいは軍務、軍の強制、軍事的シンボルの影響が強まっている」という。

戦争国家

身の回りをみれば、確かに軍隊的なものがあふれている。会社や工場の組織ひとつとってもそうだ。そして、英語でも日本語でも仕事の社会には、疑似軍隊用語が溢れかえる。社長の「陣頭指揮」で、販売「戦略」を練り直し、営業の「最前線」に社員が突撃する。それが、「近代」という時代の特徴だ。ニスベットは、こうした「軍隊調（ミリタリズム）」の原点を、中世的な権威――大家族、村落共同体、教会社会――の黄昏の時期であるルネサンス期に始まるヨーロッパの王侯貴族らの争いの時代にさかのぼって考える時もある。フランスのルイ一四世の絶対王朝の特質が革命戦争のナポレオンにそのまま引き継がれて近代国家の絶対権力につながったという歴史観を繰り広げることもある。

アメリカについて語る時は、第一次大戦が転機だったという。「第一次大戦が、経済、政治、社会、文化においてアメリカが近代へ参入する舞台となった。（参戦から）たった三年で、一九二〇年になるまでには、前近代からまぎれもない近代へと移行した。そして、無垢なアメリカの時代は永遠に終わった」。それ以前の一九世紀半ばの南北戦争で、アメリカは近代的に統一された中央集権国家に生まれ変わったのは確かだが、人々は依然、心の中では大都市や都市生活に胡散臭さを感じ、村や小さな町での生き方のほうに基盤を置いていた。政治においては連邦政府よりは州政府が主役だった。

それが、「民主主義のための戦い」を錦の御旗にしたウィルソン大統領の下、第一次大戦に参戦したことですっかりと変わった。総力戦に参入することで、軍需の急増などからアメリカの資本主義は急激に発展し、それに伴って信仰の社会から世俗的社会へと転換し、個人主義的意識の高まりが急速に進んだ。アメリカの地方都市の風景の「均質化」（どこの町にいっても同じような建物、街並み、食事、飲み物……）も一挙に進んだ。そうした風景の中で、地域共同体意識よりも「国家共同体」意識が高まった。

福祉国家の誕生も戦争と切っても切り離せない。それは、戦死者の家族や戦傷者を国家が面倒をみることから始まった、とニスベットはみる。やがて、さまざまな生活の領域に国家が入り込み、面倒を見るとともに口を出すことが常態となる。かつてなら大家族や村落共同体、教会がおこなっていたことを国家が請け負うようになる。それが「近代」であり、二〇世紀のアメリカだった。

こうした戦争国家＝革命国家の極限の姿が、二〇世紀に登場した共産主義国家群をはじめナチス・ドイツなど全体主義国家であった。「スターリン、毛沢東、カストロが公衆の面前に出るときは必ず軍服のようなものを着る。それにはもっともな理由がある」（『偏見』）というのは、けだし名言だ。労働者服と呼ぼうが何と呼ぼうが、近代においては工場も「軍隊調」なのだから、そうした近代的進歩の極限の歪んだ姿が旧ソ連や、毛沢東の中国、カストロのキューバであった。さらに言えば金日成―金正恩の北朝鮮である。中国では江沢民主席までは「軍服」時代が続き、胡錦濤主席の「背広」時代には変化したが、いま再び「軍服」時代だ。

ニスベットは戦争を「近代」を推し進める原動力と見て、両者を厳しく批判した。二〇世紀アメリカにおいて、彼の批判の対象は「民主主義」の理念を掲げてアメリカを戦争国家に変えていったウィルソンであり、ルーズベルトであった（マルクスの名言をもじって「ウィルソンは悲劇、ルーズベルトは茶番」といったこともある）。さらにそれはレーガンへと引き継がれたと見た。「ウィルソン、ルーズベルト、レーガン」の伝統を肯定的に持ち出すのが、外交ネオコンであることを考えると、ニスベットの立ち位置がうかがえて面白い。彼が生きていたら、レーガン大統領を師と仰ぐジョージ・W・ブッシュ大統領の政権が歩んだ、いわゆるネオコン路線を「近代が生んだばかげた茶番」と批判し続けたに違いない。

一九五三年に最初の主著である『共同体の探求』で、「中間社会」を打ち壊して人々の帰属感（アイデンティティ）の基礎を奪う近代社会を鋭く批判したとき、ニスベットは中央集権化で肥大する「国家」を批判する思想家としてアメリカの保守陣営に喝采を以て迎えられた。六〇―七〇年代になると『共同体の探求』は、大学紛争の過激派学生らに競って読まれた。八〇年代からコミュニタリアン（共同体主義者）の思想運動が活発化すると、今度はその意味で注目される思想家となった。ただし、ルソーの『社会契約論』への激しい批判とともに、ドメストルやラムネーといったフランスの「反動」思想家に高い評価を与えていることから、再び「保守」とみなされるようになった。だが、「戦争国家」を厳しく批判するニスベットは、「保守派」レーガン大統領の軍拡路線には同意できなかった。

これまで取り上げてきた多くの思想家同様に、ニスベットも単なる保守・リベラルの枠ではとらえきれない。だからこそ、戦後アメリカ思想に深みを与えることができたといえる。

第十章

保守論壇の創設者
――ウィリアム・バックリー（一九二五―二〇〇八）

その死に対する感慨は、政治的立場によって違ったはずだ。ウィリアム・F・バックリー・ジュニアが逝ったのは、二〇〇八年二月二十七日。八十二歳だった。

生涯に五十五冊の本を著し、五千六百本もの新聞コラムを書いたと伝えた新聞もあった。戦後アメリカの保守主義はバックリーと、彼が創刊したオピニオン誌『ナショナル・レビュー』を抜きに語ることはできない。「レーガンの前にゴールドウォーターあり。ゴールドウォーターの前にナショナル・レビューあり。ナショナル・レビューの前にバックリーあり」。保守派コラムニスト、ジョージ・ウィルの至言だ。戦後アメリカの保守主義運動と政治をたった三行で説明しろといわれたら、これが正解のひとつだろう。

バックリーが一九五五年に創刊した雑誌『ナショナル・レビュー』を通じ、これまで紹介してきたラッセル・カーク（第一章）やリチャード・ウィーバー（第四章）ら戦後アメリカ保守思想の基盤をつくる孤独な試みが、広く政治運動に取り込まれていくことになった。いまでこそ、ネオコンのウィリアム・クリストルが主催するオピニオン誌『ウィークリー・スタンダード』をはじめ、保守系オピニオン誌はいくつもあるが、『ナショナル・レビュー』創刊の頃はほぼ皆無だった。ネオコン系〝本丸〟の雑誌となった『コメンタリー』も、ノーマン・ポドレッツ（第二章）が一九六〇年に編集長となって右旋回させる以前には、まだ有力な進歩派雑誌だった。「進歩派（リベラル）雑誌は八誌もあるのに、保守系はゼロ」というのが、一九五五年の論壇状況だったと、バックリー自身は回想している（実際は『フリーマン』という保守系誌などが細々と活動していた）。当時バックリーは、二十九歳という若さだ。

『ナショナル・レビュー』に結集した保守派知識人と購読者らが、一九六四年大統領選でゴールドウォーター上院議員を共和党候補として担ぎ出し、大敗北を喫する。しかし、選挙戦最後の応援大演説をぶったロナルド・レーガンが、やがてカリフォルニア州知事を経て、八〇年選挙で保守の切り札として勝利を収め、今日につながる米国の保守隆盛をもたらす（ちなみに、六四年のレーガンの演説は、保守派人士の間では「ジ・スピーチ」と定冠詞を強調して呼ばれる。歴史的な極めつけの演説という意味だ）。ジョージ・ウィルの至言を、若干説明すれば、以上のようになる。

この間、バックリーは一貫して『ナショナル・レビュー』の発行人兼編集長として、保守論壇の大御所とみなされてきた。ベルリンの壁崩壊で生涯の敵である共産主義の敗退を確認した後の一九九〇年には、六十五歳で編集長を退いた。その後は一編集委員としてコラムを書き続けている。

『ナショナル・レビュー』は二〇〇五年秋に創刊五十周年を迎え、盛大なレセプションがワシントン市内で開かれた。ジョージ・W・ブッシュ大統領はその際、バックリー家の人々をホワイトハウスに招いて、「多様な保守思想を持つ人々を、オーケストラ指揮者のようにまとめ、素晴らしい音楽を奏でさせた」と賞賛するスピーチまでしている。

ところが、その大御所が二〇〇六年二月末のコラムで、ブッシュ大統領にイラクでの「失敗」を認め、「すべてのこれまでの前提」を見直して、戦略を立て直すことが必要だと勧告した。「最も肝心なのは、敗北を認めることだ」というのが結びの言葉だ。つまり「敗北」を認めて、全面撤退しろということである。保守論壇の象徴といえる人物のこのご託宣は、大統領にとってほとんど「致命傷」となり、共和党保守派内でくすぶっていた大統領への不満は、堰を切ったようにして噴き出した。

それを伝える『ニューヨーク・タイムズ』の分析記事は、ネオコンからもイラク撤退を求める声が出始めたと述べ、その例示としてバックリーのコラムを挙げたが、バックリーは苦笑いしたに違いない。ネオコン＝新保守主義者は、彼が思想運動としての保守主義を立ち上げてから、二十年ほどたって保守派に加わってきた一グループに過ぎない。しかも、今日ネオコンと呼ばれる論客は、大部分が当時のネオコンの息子や孫の世代に当たる。思想的にも、第二次大戦から冷戦期にかけ極左から右派へと激しい「転向」の軌跡を描いたネオコン（アービング・クリストルら）と違い、バックリーははじめから保守だ。

アメリカの代表的新聞の一面に載るような分析記事がバックリーをとらえて「ネオコン」と言ってしまうのは、この言葉がいかに本来の意味を離れたかを如実に示している。単に「タカ派」という程度で使われているだけだ。一方で、『ニューヨーク・タイムズ』といえども、アメリカの戦後保守思想史には極めて疎いことがよく分かる。あるいは、本来の保守思想がネオコンの「革新性」とは水と油のような関係にあることを理解していない。バックリーがネオコンと違っていかに「はじめから」保守だったか、その保守思想はどのような形をしているのか、たどってみたい。

ロナルド・レーガン大統領と談笑するウィリアム・バックリー（写真提供：Bettman/Getty Images）

大学批判の著作でデビュー

二十九歳で、当時ほとんど唯一といえる本格保守系オピニオン誌を発刊させる以前、バックリー自身もラッセル・カークやリチャード・ウィーバー同様に、広いアメリカの各地で孤立した営みを続ける保守派論客のひとりであった。

第二次大戦で軍務に就き、一九四六年に陸軍少尉で軍役を終えたバックリーは、名門イェール大学に入学する。少数の成績優秀者や名門家系の学生だけでつくる学内秘密結社「スカル・アンド・ボーンズ」（骸骨）のメンバーとなる一方、伝統ある学生新聞『イェール・デイリー・ニューズ』編集長として健筆を揮う。この頃から早くも、学内を覆う左傾化ムードを論説で批判し、「闇の反動主義者」と呼ばれたりした。

バックリーという人の本質は「反逆児」だ。当時、東部の名門大学といえば、リベラルすなわち進歩派である。時代状況も、ルーズベルト、トルーマンのニューディール（フェアディール）民主党時代が続き、世は挙げて進歩派だ。当時、保守とは「知性なし」と同義語であった。その中で、大学新聞であえて「保守」を打ち出したのである。なにしろ、七歳の時、英国政府に第一次大戦の米国からの借款を返せと手紙を書いたという逸話の持ち主である。

卒業後、しばらく母校でスペイン語講師を務めていたバックリーは、卒業記念に一冊の本を書き上げ、一九五一年に出版した。『イェールにおける神と人』。イェール大学の左傾化と無神論への傾斜を全面批判し、保守言論のひとつの出発点となった本だ。

この本は思想書というより、糾弾の書というのが相応しいかもしれない。しかも、戦略性に富んだ糾弾だった。『イェール……』が出版されたのは、イェール大学創立二百五十周年の年で、ターゲットとされたのは同大学を出て、アメリカの各界で活躍する同窓生たちであった。バックリーは彼らに向かって、イェールの教育では、社会主義に傾く経済学が教えられ、個人主義よりも集団主義が尊ばれ、教授たちの間に無神論がはびこっていると訴えかけた。イェールを維持しているのは同窓生らの寄付金であり、子弟を送り込んでくる同窓生らこそ、イェールの「主権者」であるのに、大学内ではその「主権者」らの考え方と対極にある思想が教えられている事態を放置していいのか、という訴えだ。

こうした主張は当時（そして今日でも）アメリカの大学で信奉されていた「思想の自由市場」という考え方に異議を唱えるものだった。大学内には思想の自由があるべきで、さまざまな思想が競い合う中で、自然と良いものだけが淘汰されて残るという考え方だ。

バックリーはそうは考えなかった。あらゆる放縦な考え方を大学に取り込むことは不可能であり、必ず「限度」がある。その「限度」をどこに置くかを決めるのは主権者としての同窓生たちだ。イェールは創立以来「正統」と考えてきた価値観の範囲内でその「限度」を決めるべきである。その「正統」は無神論ではなく信仰であり、集団主義ではなく個人主義であり、社会主義経済でなく自由市場経済である――それがバックリーの主張であった。

『イェール……』はほとんど、自費出版のようなかたちで出されたにもかかわらず、大きな反響を呼び、大新聞のベストセラーリストにも載るようになって、バックリーは保守派論客としてデビューを果たした。

やがて、アメリカの保守論壇の立役者となるバックリーが大学教育批判でスタートしたのは注目に値する。この後、アメリカの大学の左傾化を突く著作が相次いであらわれ、その系譜は、一九八〇年代のアラン・ブルームの『アメリカン・マインドの終焉』（一九八七）にまで連なってくる。

バックリーの『イェール……』が戦略性に富んだ本だったのは、アメリカの思想状況を変えて行くには高等教育の場をターゲットとしなければならないことを認識し、学内論争では圧倒的優位にある進歩派（リベラル）に押し切られてしまうから、社会に出て保守的価値観を身に付けている大学ＯＢたちに直接訴えかけた点だ。大学を変えるため、迂遠に見えても、効果的な道を使ったといえる。

こうしたビジネスマン的なセンスが、この四年後に『ナショナル・レビュー』を起こして保守論壇を形成していくバックリーの真骨頂といえよう。

カトリック系家族の絆

そのバックリーを理解するポイントは、まず家族だ。そして友人関係であり、友人とのつきあい方だ。理論や理屈ではなく、そうした人との関係を原点にものを考える癖を持っているのが、彼の特徴だ。

バックリーの父方の祖父はアイルランドから逃れて来た移民だった。飢餓を逃れた他のアイルランド移民と違って、カトリック国アイルランド西南部で少数派プロテスタントだったため、迫害を逃れて来たという。ただ、父親ウィリアム・F・バックリーの代で婚姻を通じカトリックに戻っている。

父親は苦学の末、テキサスの大学を出て、メキシコで石油事業に関わって一財産を成すが、一九一〇年から断続的に続いたメキシコ革命に巻き込まれた。反革命勢力とカトリック教会を支援して敗れ、財産を失って米国に戻る。メキシコでの経験を生かし、再び海外石油投資で成功し、五八年の死去までに二千万ドル相当の資産家となった「新興成金」だ。父親ウィリアムはこの経験を通じ、個人資産を没収し、宗教を迫害する「革命」を徹底的に忌み嫌うようになった。

バックリーは、この父親と母アロイズとの間の六番目の子として一九二五年に生まれた。全部で十人の兄弟姉妹である。父親の事業のため七歳までパリで育ち、その後いったんアメリカに戻って、十二歳で英国のカトリック系私立校に入っている。バックリー家の初等教育はすべて自宅での家庭教師による「ホームスクーリング」だった。こうした家族と教育環境が、バックリーの思想のバックボーンをつくっている。貴族的なクイーンズ・イングリッシュを使いこなす一方で、子供の頃はフランス語でしゃべっていたという。日本でいえば「帰国子女」だった。

ホームスクーリングのせいで兄弟姉妹は同年代の子供たちから孤立していたため、絆が極めて強い。一九五五年、バックリーは二十九歳で雑誌『ナショナル・レビュー』を創刊し、まさに一から戦後保守論壇をつくり出していったが、この雑誌創刊は兄弟姉妹で助け合って進めた協同作業であった。四歳上で通信社記者だった姉プリシラは『ナショナル・レビュー』創刊に加わり、のちに編集長も一時務める。二歳下の妹パトリシアは、バックリーのイェール大時代の親友ブレント・ボゼルと結ばれ、ボゼルは『ナショナル・レビュー』などを舞台に保守論客として活躍する。二歳上の兄ジェームズは七〇年中間選挙で第三党「保守党」から出馬、上院議員に当選する。

こうして兄弟姉妹が保守主義の運動に関わるようになったのは、明らかに父親の影響だ。メキシコ革命の経験から「革命」を忌み嫌うようになった父親は、やがて第二次大戦が欧州で始まると、参戦を拒む「アメリカ第一委員会」の孤立主義運動に加わる。

バックリー家が屋敷を構えていたコネチカット州北西部一帯では、F・D・ルーズベルト大統領を支持し英国を支援しようという機運が強かった。当時ほとんどが十代のバックリー兄弟姉妹は、父親を助けようと小さな新聞を始め、孤立主義の論陣を張る。近隣の英国系プロテスタントのエリートからは「アイルランド系カトリックだから英国を助けない」と陰口をささやかれ、結局バックリー家の主張は敗れ去る。これまでの各章で何度も指摘してきたことだが、ルーズベルト政権誕生（一九三三年）からレーガン政権誕生（一九八一年）までは、リベラル（進歩派）が時に圧倒的なほど優勢であり、保守的であることは少数派で「反体制的」、「反エリート」を意味した。

アイルランド系カトリック、独立独行の事業成功者としての父親のものの考え方を「思想」の形にしたのが、バックリーの保守主義だと考えると分かりやすい。さらにもう一つ加えれば、『ナショナル・レビュー』創刊号でバックリーは「歴史の前に立ちふさがり、『止まれ』と叫ぶ」のが保守の役割だと宣言した。それは「負けると知っている戦いを戦う」という覚悟でもあった。歴史が止まるはずはないからだ。

バックリーは、イェール大学新聞編集長時代、論説で「信仰軽視」の進歩派教授陣を叩く論陣を張る。ケインズ派経済学教授らの「個人の財産権」に介入する教えはアメリカ本来の「個人の財産権」に基づく自由と相容れないと批判する。新聞部内に波紋が起き、進歩派教授陣だけでなく、大学経営陣からも「危険思想」の持ち主と見られ、対立した。

柱は「信仰と自由」

大学では思う存分繰り広げ切れなかった主張を卒業後にまとめて本にしたのが『イェールにおける神と人』だった。イェール大学の教育の「無神論」化、社会主義化がテーマだが、そこにはメキシコ革命での父親の体験――個人資産を奪いカトリック教会を弾圧した革命派への怒り――が投影されていると見ることが可能だ。

こうして、思想面も含めバックリー一家の個人事業のようにして始まった保守主義運動は、一家の資産と兄弟姉妹の結集で、一九五五年、論壇誌『ナショナル・レビュー』発行に漕ぎつける。これが「家族」の側面だ。

もう一つは「友人」。『ナショナル・レビュー』の創刊に加わったのは、イェール大でバックリーと強力なディベートチームを組んで鳴らした義弟のブレント・ボゼルや、大学での恩師で保守派政治学教授ウィルモア・ケンドールらだった。そこに、ラッセル・カークら広いアメリカの各地で孤立した営みを始めだした保守思想家を「友」として呼び集めていく。人のネットワークづくりから始まっていったのが戦後アメリカの保守主義運動で、その中核にいたのがバックリーと『ナショナル・レビュー』であった。カークは編集委員就任を乞われたが、生涯を送ることになるミシガン州メコスタを離れる気はないと辞退し、代わって教育評論連載を引き受けた。

バックリーの保守主義が多くの友を集めたのは、父親から受け継いだ二つの思想――信仰と（個人財産をよりどころとする）自由――が、アメリカの保守主義を統合するのに都合が良かったからだ。

一九五〇、六〇年代のアメリカ保守主義には、

1、近代化が破壊した敬虔な信仰に基づく地域社会を取り戻そうとするような動き

2、ニューディール以来の政府主導の経済から、レッセフェール的経済活動に戻って、

個人の自由も回復しようする動きの二つがあったが、バックリーの「信仰と自由」は、対立しがちなその二つの動きの両方に顔を向け、多くの「友」を惹き付けた。「信仰と自由」の最大の敵は共産主義だとして、バックリーが強力な反共を打ち出したのも保守派統合の力となった。一方で、個人の自由を拡大しようという面が、マリファナ解禁に好意的な姿勢などとなって現れ、伝統的保守派をとまどわせることもあった。

意外な交友

バックリーの交友の広さを象徴するようなエピソードがある。

ジョン・ケネス・ガルブレイス（一九〇八―二〇〇六）といえば、『ゆたかな社会』をはじめ日本語になった著作も多いリベラル（進歩派）経済学者の泰斗だった。そのガルブレイスの親友の一人が、保守論壇の重鎮バックリーだったことは、日本ではあまり知られていない。片や、教え子ケネディ大統領をはじめ歴代民主党政権のアドバイザー、もう一方はニクソン、レーガン両共和党大統領の友人にして指南役。バックリーは、ガルブレイス流のケインズ派経済学こそ、アメリカの自由主義の敵だと断罪してきた。「犬猿の仲」となりそうなものだ。

それが、一九六六年、ニューヨークのホテルのエレベータ内で出会って、ふと言葉を交わして以来、意気投合した。ともに趣味のスキーでスイスに毎年出掛け、一緒に滑ってアフタースキーも楽しむ仲になった。

スキー行を一緒にするようになって間もない時、難スロープを颯爽と滑り降りたバックリーが、かなり遅れて降りてきたガルブレイスに尋ねた。

「スキー歴はどのくらい?」

「かれこれ三十年かな」

「なるほど、経済学研究歴と同じくらいというわけか。道理で」

ガルブレイスは、このエピソードを後々まで大笑いで語り草にした。そこにバックリーという保守思想家の一面が見て取れる。

レーガン政権誕生で、バックリーが学生時代から目指してきた保守政治が実現し、彼はまさに論壇の大御所となった。

一九八〇年冬、レーガン大統領当選と『ナショナル・レビュー』二十五周年を祝うパーティで、バックリーは演壇に立った。「先日、『紳士録』から、政権入りで職業の項を変更しなくていいかと問い合わせがあった。レーガン次期大統領に、ちょっと連絡してみた。職業の項を著述業から『腹話術師』に変えるぞって、ね。次期大統領は笑い出して、私にはできないほど長く大笑いした。『腹話術師』は失格だと分かった」。

バックリー一流の友へ送るジョークだった。「腹話術」というのは、友レーガンはまさに自分の思想を語って、実現するという表明であった。

バックリーは晩年、レーガン政権の継承をうたった息子ブッシュ政権のイラク政策に厳しい批判を突きつけざるを得なくなった。ネオコン主導で始まり長期化したイラク戦争に、バックリーなりに保守政治の危機を見たからだ。戦後アメリカ保守論壇を率い保守政治を実現した大御所バックリーは世を去るとき、おそらくその保守主義の行方に強い不安を感じていただろう。書斎の机の前で亡くなっているのを二〇〇八年二月二十七日朝、家族が見つけた。新聞コラムを書きかけていたようだったという。

第十一章 「近代」への飽くなき執念
――フランシス・フクヤマ（一九五二―）

ネオコンとはいったい何なのだろうか。ノーマン・ポドレッツを通して源流に分け入ってみた第二章や、レオ・シュトラウスという思想家が残した影響を考えた第五章を受けて、この章ではその現状と将来について少し考えてみたい。

9・11テロからイラク戦争まで、ジョージ・W・ブッシュ政権の政策に大きな影響を与え、世界の注目を浴びたネオコンはいつの間にか忘れ去られようとしている。実際、9・11テロ後に一躍前面に躍り出たネオコン官僚たちは、政権が二期目に入った二〇〇五年ころから徐々に姿を消し、論壇でも威勢の良かったネオコン論客たちに、かつての勢いはない。「イラク戦争は簡単に決着がつく」という誤った見通しを立てたことに対する仕打ちのようだった。

象徴的な例がポール・ウォルフォウィッツだ。国防副長官という要職に就いていた代表的なネオコン官僚だったが、ブッシュ政権が二期目に入ると政権を追い出された。体よく世銀総裁に据えられたが、やがて女性スキャンダルを暴かれて失脚した（二〇〇七年六月）。ウォルフォウィッツとともに国防総省でイラク戦争立案の中心にいたダグ・ファイス国防次官も政権を去った。

ネオコン失脚の動きが続く中で、その理論的支柱となっていた『歴史の終わり』（一九九二）の著者フランシス・フクヤマが二〇〇六年春に新たな著書『アメリカの終わり』を出版し、そこで思想集団としてのネオコンを批判して訣別を告げたのは「思想史的な事件」ととらえられ、『ニューヨーク・タイムズ』紙などが大きく報じるところとなった（二〇〇六年三月十四日付）。そのころには、前章で取り上げたように、ウィリアム・バックリーら保守派の重鎮らがイラク戦争批判を強めていたので、そうした流れの中での出来事ともみられた。

だが、フクヤマは実はイラク戦争が始まる前から戦争への動きに懸念を表明し、「9・11への過剰反応で、アメリカの政策への世界の懸念が高まっている」（二〇〇二年九月十一日付『ワシントン・ポスト』への寄稿）と警鐘を鳴らしていた。彼自身が考える世界観とアメリカ国家の在り方の一端が、すでにその時にうかがえた。

一方で、イラク戦争がアメリカの一方的勝利で終わったかのように見えた二〇〇三年夏には、ネオコンサーバティズム（新保守主義）の始祖の一人とされるアービング・クリストルが、一種のネオコン勝利宣言のようなエッセーで、さまざまな潮流を抱えるアメリカの保守思想界でネオコンこそが最もアメリカ的な保守主義であり、「アメリカの保守主義を近代的統治に相応しく変える」ことを目標にしている、と述べた(『ウィークリー・スタンダード』誌二〇〇三年八月二十五日号への寄稿)。

クリストルのいう近代主義的な保守主義というのは、本来的な保守主義の概念とは矛盾する。だが、その矛盾した保守主義の在り方こそがまさに「アメリカ的」であり、それはネオコン批判を展開して訣別を告げたフクヤマが、実は守ろうとしているものでもある。

同志社大学での講演

フランシス・フクヤマが二〇〇七年十月二十二日に日本の同志社大学から名誉学位を受けた後に行った講演は、彼のその時点での世界情勢分析を示す一方で、ネオコンサーバティブの重要課題を明らかにしている。一般にフクヤマは二〇〇六年の著作『アメリカの終わり』(原題は『岐路に立つアメリカ』)で、ネオコンサーバティズムと袂《たもと》を分かったとされるが、それは皮相的な見方だ。ネオコンサーバティズムは幾度かの変容を経て今日にいたっている。また、いくつかの潮流が合流したり、枝分かれしたりしてきた。ネオコンという用語自体、この数年、思想史的コンテクストを離れて、ほとんど「タカ派」という言葉と同義になってしまった。かつては、もっと限定的に使われていた。いまでは名称自体はあまり意味をなさなくなっている。アメリカ・ナショナリズムとの識別もつきにくくなってきた。

フクヤマは『アメリカの終わり』を書くことによって、むしろ、名称としても乱用され、思想として意味が曖昧となってきたネオコンサーバティズムを混迷から救い出そうとしたと考えた方がよい。同書の初めでフクヤマは半世紀のネオコン史を振り返り、外交政策に関する四つのネオコンの原則を挙げた。①国内体制が対外行動に影響するという考え方(レジーム問題)、②力を道義的目的に使おうとする傾向、③大胆な社会改造の効果に対する不信、④国際法(国連)にはあまり頼らず、共通の価値観を持って集団行動をとる傾向——がそれだ。

9・11以降のネオコンの失敗は、これらの原則(特に③)を忘れたからだとフクヤマはみた。同書で展開する新たな政策提言は、概ねこれらの原則を新しい発想で生かしていこうとしている。たとえば国際機関を重層的に活用していこうというような提案にそれが顕著にうかがえる。

フクヤマが思想的枠組みとして未来への継承を図ろうとしているものを、彼自身はもはやネオコンサーバティズムとは呼んでいない。「現実主義的ウィルソン主義」という呼称を提案している。ただ、名称は変わろうとも、アービング・クリストルがいうように二〇世紀半ば以降にアメリカで生まれた独特の保守主義であるネオコンサーバティズムは、変貌しながら生き続けていくことになろう。

イラク情勢混迷の下でのネオコン思想見直しを踏まえた上でのフクヤマの同志社での講

フランシス・フクヤマ

演は、次のような論旨だった。

まず、人類社会の一貫した「近代化プロセス」は、もはや「事実として議論の余地がない」と言い切った。近代化により伝統的な価値観など、「人々が大切に思っていたものが失われる」のは否定できない。しかし、近代社会を享受しながら古い時代にノスタルジアを持つ人はいても、あえて前近代段階に置かれているような途上国に行って、前近代的生活に入る人はまれだ。一方で途上国から近代化が進んだ米欧日へ移り住もうとする人は何百万といるのが、その証しだ。

そうした必然的な流れである近代化が進んで、最後に共産主義が来ると考えたのはマルクスだが、「私はそうではなくリベラル（自由主義的）な民主主義が来ると考える」とフクヤマはいう。近代化を進めるには必ず、市民に対し説明責任を負う政治制度が必要になるからだ。世界の国々は「似たようなプロセス」を歩んで近代化していく。「普遍的な価値観」が存在するからだ。

ここまでが、フクヤマの主張の大きな前提である。つまり、リベラルな民主主義（政教分離、言論・結社の自由などを維持して行う民主制）は近代化プロセスの必然だという主張である。それはキリスト教文明の下でなければうまく機能しないという考え方をフクヤマはとらない。伝統的保守主義者がしばしば、西欧政治思想の伝統の中で生まれた自由主義などは西洋でしか機能しないと考えるのとは異なる。近代化プロセスは米欧だけでなく、日本をはじめ東アジアでも機能しているし、トルコやインドネシアのようなイスラム圏の国でも機能し始めているとみる。

こうして近代化の前進を続け、それがグローバル化という段階に入った世界は、これから四つの大きな挑戦にグローバルなレベルで直面する、とフクヤマは指摘する。①政治的イスラムの台頭、②国際レベルにおける民主主義の欠如、③貧困、④技術革新――が、それだ。

フクヤマは、政治的イスラムのうち過激イスラム主義の問題は、世界の近代化過程がどこでも（西欧や米国、日本も含め）直面した「反近代主義」が、国内レベルからグローバルなレベルに移行したもののひとつだと見ている。近代化する社会が、伝統から離れようとするとき、アイデンティティを失う不安感を強く抱く。その反動として、二〇世紀前半にはドイツのナチズムや日本の超国家主義が起きた。現代の過激イスラム主義も似たような現象だという見解だ。

①がグローバル化する「近代」への過去からの挑戦とすれば、②と③は「近代」への現在の挑戦である。たとえば、ある国で起きた金利政策あるいは技術革新が、地球の反対側に暮らす人々の運命を変えてしまうことがある。だが、それをうまくコントロールする国

際的な仕組みができていない、というのが②の問題だ。経済グローバル化で国家主権が崩れているだけではない。一方で、破綻国家が数多く出現している。アフリカのサハラ以南、アフガニスタンなどがそうで、世界中にはびこる麻薬・銃器などがそうした国になだれ込んで一層の政治的衰弱をもたらしている。そこには、すさまじいまでの貧困が生じている。それが③の問題だ。

④の技術革新は、「近代」への未来からの挑戦だ。近代科学技術は、人類を滅亡させせうる核兵器を生んだ。その拡散をこれから止めることができるのか。バイオテクノロジーが可能にしうる生命操作などを悪用した支配体制の出現に対し、人類は効果的な対策をとれるか。フクヤマの問いかけである。

近代は「未完」

この講演のフクヤマの言説の底には、近代（モダニティ）追求への飽くなき執念と信念がうかがえる。近代を「未完」とみなし、そのさらなる前進を図ろうとしている。「近代」の脆弱さ、すなわち伝統や帰属意識（アイデンティティ）の喪失、そこから常に起きる政治的・思想的反動、統制困難な産業経済、制御の難しい科学技術……を直視しながらも、人類に対し、便利で豊かで安全な生活を保障するのは、近代システムと、その当然の帰結として生まれる「自由で民主的な」政治制度以外にない、と観念している。

フクヤマが近代への反発や反動も視野に入れていることには、留意しておきたい。彼は若き日には、コーネル大でアラン・ブルーム（一九三〇―九二）に師事し、ギリシャ古典などを学んだ。ブルームを通じ、亡命ユダヤ人政治思想家レオ・シュトラウス（第五章参照）の系譜に連なり、近代批判の最も先鋭的な部分を取り込んだ。さらに、イェール大で比較文学を研究し、パリにわたりロラン・バルト（一九一五―八〇）やジャック・デリダ（一九三〇―二〇〇四）のもとで学んだ。ポストモダンの世界に入りかけたが、それを「無意味」と感じ、ハーバード大に移って中東問題やソ連研究に入ったと、筆者に語ったことがある。近代を前近代、ポストモダンの立場から見つめ直したうえで、近代化プロセスの意味をつかみ取った思想家だとみてよいだろう。そうしてつかみ取られた近代への執念こそが、ネオコンサーバティズムの本質といえる。それはフクヤマの言説に依然としてみられるだけでなく、ネオコン思想の特質であることは、その歴史をたどってみても明らかだ。

ネオコン思想の特質は、ネオコン自身よりもその批判者によってより明確にされている。第二次大戦後に発展したアメリカの保守主義思想運動の出発点にいたラッセル・カークは「ネオコンサーバティブズ　絶滅危惧種」と題された一九八八年の講演で、次のようなネオコン批判を行っている。一部は第一章で紹介したが、概要は次のようなものだ。

リベラル派から鞍替えしたニューヨークのユダヤ知識人を中心としたネオコンは、過激な左派教条主義が跋扈《ばっこ》していた一九六〇年代のアメリカで、①内政に「現実的で冷静」な議論を持ち込んだ。しかし、②外交では夢想的な「民主化グローバリズム」を追求し、ときにイスラエルの国益が優先するように見受けられる時がある。ネオコンは「民主化された資本主義」の看板を掲げ人権外交を推し進める。保守主義をイデオロギー色の強いスローガンだらけにしようとした。政治にそうしたイデオロギーを持ち込めば、政治的狂信に陥るだけだ。民主主義も資本主義も完璧なものだと考えてはならない。結論として、カークはいう。「彼ら（ネオコン）は、画一化された退屈な標準化された世界をもたらそうとしている。アメリカナイズされ、産業化し、民主化し、論理化された、あきあきするような世界だ」。

カークは、フクヤマが描く「近代の前進」の陰画を見た。その陰画ゆえに、近代の前進を止めたいと願った。カークは戦後アメリカにはじめて現れた欧州型の本格的な保守思想家だ。前近代的視点から、近代性の問題点を浮かび上がらせるタイプである。ネオコンは、近代を肯定し、それを推し進めるイデオローグだとカークはみなした。本来の保守主義は、理論や理屈ではなく、一種の信条であり、気質のようなものだと彼はみていた。資本主義体制と民主化を、歴史の不可避の過程としてみる（フクヤマの場合）、あるいはそれを積極的に推し進めようとする態度（たとえばウォルフォウィッツら）は、保守主義ではなく「政治的狂信」に陥る過激主義の危険をはらむイデオロギーだとカークは考えた。

カークの危惧した事態は、この批判の十五年後のイラク戦争で現実となったという見方も可能だ。ネオコンたちは、民主主義と資本主義の組み合わさる体制を絶対視するイデオロギーを9・11後の外交に持ち込んで、結果として一種の「政治的狂信」に陥り、保守主義の要である「熟慮」を忘れ、誤った政治選択を重ねた。それがイラク戦争後の混乱とアメリカ外交の迷走の根源的な原因であることは明らかだろう。

前述のカークのネオコン批判にはもう一つの側面もあった。内政におけるネオコンの役割の見方だ。そこではネオコンサーバティズムはむしろ逆に「自制の思想」だったというのが、カークの観察である。「学会や知識人社会が過激な教条主義に支配され、ジョンソン政権の国内外政策が国家の衰弱を招いた時に、ネオコンが出現して、政治は可能なことを巧みに行う技術に過ぎないことを訴え、良識のためにベストを尽くした。感傷的なリベラリズム（進歩主義）を追い払い、過激な狂信を見下した。法の支配と分別の政治をしっかりと維持した」（一九八八年講演）。そう分析している。

ここにみられるのは、二つに分裂しているネオコンサーバティズムだ。外交になると「狂信」に陥るのに、内政では「狂信」を追い払って「熟慮」をもってことにあたる。これはどういうことか。実は、われわれがネオコンサーバティズムと呼んでいるものが、決して一枚岩の思想ではなく、また一傾向だけの知識人グループではなく、内部に複数の潮流を抱え込んでいるからに他ならない。出発点からたどれば半世紀をゆうに超えるその歴史を通して、ネオコンサーバティズムは変貌を続けていた。

顔ぶれの変化

『コメンタリー』と並んで、ネオコンサーバティズムの代表的雑誌とされる『パブリック・インタレスト』（季刊）が廃刊になったのは二〇〇五年の春だ。創刊が一九六五年だから、ちょうど四十年で幕を閉じたことになる。同誌は、ジョンソン政権の下で急拡大した福祉がもたらす弊害を突くなどして、ネオコンの理論的支柱となった。というより、同誌で展開された論議が当時のリベラル派（進歩派）政治に対し、それまでに無かったような形での批判を加えた。そのため、同誌編集者や寄稿者らは「新しい保守主義者」＝ネオコンサーバティブと呼ばれるようになった。

最終号の二〇〇五年春号に寄せられた、創刊時の編集長アービング・クリストルと、創刊しばらく後から共同編集長を務めたネイサン・グレイザー（一九二四—、『孤独な群衆』『人種のるつぼを越えて』の共著者）の回想を読むと、ネオコン思想史の重要なポイントに気付かされる。

グレイザーによれば「初期ネオコンサーバティズムは外交とは無縁であった。『ネオコンサーバティズム』は、ほぼ全面的に国内の社会政策を扱う政治的一派だった。それがどのようにして、〝ほぼ〟も付かないくらい、〝全面的に〟対外政策を扱う一派に変貌したのかは、興味深い問いだ。七〇年代にネオコンサーバティズムを推進した人々と、現代版のネオコン運動にかかわる人々は、まずほとんど重なっていない」(『パブリック・インタレスト』二〇〇五年春号への寄稿「はじめからネオコン」)。

ネオコンの実態について最も早い時期にまとめたピーター・スティンフェルスの著作『ネオコンサーバティブたち　アメリカ政治を変えている人々』(一九七九)を開くと、実際、外交問題にはまったく触れられていない。ネオコンサーバティズムは貧困、福祉、人種、犯罪などをめぐって新しい考え方や政策を提言する運動として紹介され、批判されている。つい最近まで、世界中でネオコンの中心人物のように騒がれたポール・ウォルフォウィッツ(前国防副長官)、リチャード・パール(元国務次官補)、ジョン・ボルトン(前国連大使)などという名前はまったく登場しない。スティンフェルスの本が、当時の『ニューズウィーク』なども引用して挙げているネオコン人士は、次のような顔ぶれだ。ダニエル・ベル、ネイサン・グレイザー、ジェームズ・Q・ウィルソン、エドワード・バンフィールド、D・P・モイニハン、ウォルター・ラッカー、ポール・シーベリー、エドワード・シルズ……。

ネオコンの始祖とされ、『パブリック・インタレスト』の創刊時の編集長であり、グレイザーとともに廃刊まで編集参与を務めていたアービング・クリストルは、やはり同誌最終号に寄せた回想で、これを次のように説明している。「創刊にあたって、われわれは編集について、対外政策や海外事情は論議しないという単純な決定を行った。当時ベトナム戦争が大論議となっており、それについての意見はわれわれの間でもばらばらだった。小さな季刊誌の紙幅がベトナム問題に飲み込まれないようにしたかった」(同誌二〇〇五年春号への寄稿「良き四〇年」)。

「初期ネオコンは外交とは無縁だった」というグレイザーの言い分とはやや異なる。クリストルは、当時の最大の外交問題であったベトナム戦争で初期ネオコンは一致した対応をとれなかったから、外交は扱わなかったというのだ。それが四十年の間に、ネオコンといえば外交、しかも人権・民主化拡大の単独主義外交を専売とするようなグループとみなされるようになったのはどうしてなのかは、グレイザーもいうように詳細な分析が必要だ。

おそらく、次のようなことだろう。

六〇年代、ユダヤ系リベラル派知識人の先鋭的部分が最大の危機とみなしたのは、差別解消・福祉拡大にもかかわらず暴動まで起きて一向に解消しない人種問題、それと連動する対抗文化・新左翼運動などの国内的思想混迷によるアメリカ的価値体系の破壊であった。黒人暴動や対抗文化の中から反ユダヤ主義的傾向が萌しているのも懸念材料であった。ベトナム戦争による国際的反米ムードは国際共産主義運動と連動し、米国内の反戦運動もこれと関連はあったが、まだベトナム撤退にいたっておらず、まず国内立て直しが急務だった。そのために、ユダヤ系リベラル派知識人を中心としたグループが政治・文化面での新しい社会思想を生み出した。そうした国内立て直しの「修正主義」が〝ネオコンサーバティズム〟と呼ばれるようになった。

七〇年代に入ると、リベラル（進歩派）修正主義であるネオコンはニクソンに賭けた（ニクソンは内政的には福祉拡大や環境庁創設を行った進歩派だった）が、ベトナムでの敗北は決定的となり、ニクソン―フォードの対共産圏融和外交と、カーター政権の失政で、アメリカの対外危機の方が強まった。そのため、核戦略家などの中から新しい対外政策を提起する強硬派・武断派の知識人グループが登場した。これらの軍事戦略修正主義者らは七〇年代後半から、前述の内政ネオコンと合流して、より大きなネオコンサーバティズムの運動を形成し、八〇年代のレーガン保守連合政権とその支持母体に取り込まれていった。

内政ネオコンと外交ネオコンはまったく別のテーマに別の手法で取り組んでいたが、両者を結ぶ共通基盤があった。それは、世界の「近代化」推進の中心は共産主義ソ連（当時）ではなくアメリカであり、そのアメリカを（内でも外でも）強化していこうとする強い意志である。共産ソ連への敵意は、ネオコンの原点であるトロツキストらの反スターリニズムからの「遺伝子要素」でもある。

内政ネオコンと外交ネオコンの間には亀裂があり、たとえばグレイザーなどは自分がウォルフォウィッツと同じ思想グループに属すとはまったく考えていない。ただ、その一方で、ネオコン運動の重鎮とみなされる人物は、内政・外交両面にわたって顕著な言論活動を行っている。彼らこそネオコンの思想核とみなせるだろう。初期からのグループでは、クリストルのほか、ノーマン・ポドレッツ、国連大使や上院議員を務めたD・P・モイニハンらが代表的な存在だ。次の世代ではフランシス・フクヤマがもっとも広範な言論活動を行っている。拡大したネオコンサーバティズムの総体を客観視して、その方向性を打ち出すことのできるのは、そうした内政外交両面にまたがって言論活動を行っている思想的リーダーたちであったし、これからもそうであろう。

「歴史」を止めない

そうした意味でネオコンサーバティズムに初めから大きな指導力を発揮してきたのがアービング・クリストルだ。ネオコンの意味を考える時には、ほとんど系統だった著作のないクリストルの思想を探らざるを得ない。

前述の『パブリック・インタレスト』最終号の回想で、クリストルは次のようにも述べている。「歴史の流れに立ち向かって『止まれ!』と叫ぶ旧式の保守主義には我慢できなかった。F・D・ルーズベルトを悪の化身とみることは私にはできなかった。私の政治的性向は、いつも反応型ではなく率先行動型だ。現実に反発するより、現実を受け入れてなんとかしようとする傾向があった」。

アメリカの戦後保守主義思想運動は、一九五五年にウィリアム・バックリーが保守論壇誌『ナショナル・レビュー』を創刊して本格化するが、その創刊号でバックリーは「歴史の前に立ちふさがり、『止まれ』と叫ぶ」のが保守主義の役割だと宣言した（第十章参照）。そのバックリーとも共闘しながら戦後アメリカの保守主義思想をつくりあげてきたクリストルが、ちょうど半世紀後にネオコンの理論誌廃刊に際して、バックリーとまったく逆のことを宣言したのは大いに意味がある。

若きバックリーや、当時、アメリカにまれな欧州型保守思想を著述で展開していたラッセル・カークらにとっては、「近代主義」の驀進を抑えることが保守の役割であった。「歴史を止める」とは、そのことの比喩である。ところが、ネオコンサーバティズムを生み出したクリストルは、アメリカにおける保守主義（少なくともネオコンサーバティズム）の役割はそうではないといっているのだ。上記の引用で彼が「現実」といっているのはアメリカにおける「近代主義の現在」のことと考えてよいだろう。それに反発したり、反応したりするのではなく、むしろそれを受け入れて、積極的に働きかけていく。それがネオコンなのだ、と主張している。また、大恐慌に直面してアメリカを社会主義化させる先鞭をつけたとみて、旧来の保守派（いわゆる伝統主義者やリバタリアン）が嫌うルーズベルトについて、むしろ修正資本主義でアメリカの近代化過程を前進させたと評価する。本章の始めに説明したフクヤマの主張と同様に、ここにネオコンの思想の核心部分がある。

では、クリストルは「近代」を絶対視しているのだろうか。そうではない。戦前のトロツキスト学生時代からの彼の思想遍歴がもっともよく分かる「自伝的回想録」(一九九五)によれば、彼は戦後すぐに政治思想家レオ・シュトラウスに出会うことで「一生に一度というような知的衝撃」を受けた。シュトラウスにより「近代(モダニティ)を『古代人』と『前近代人』の眼を通して見ることを学び、彼らこそがわれわれよりずっと賢く、洞察に満ちているという前提を受け入れた」。シュトラウスによる近代批判を学ぶと、マルクスやポストモダニストによる近代批判は「近代主義のつまらない亜流」にしか見えなくなってしまうと、クリストルは言う。しかし、近代の欠陥にもかかわらず、現実の近代政治体制の選択としては「自由主義に基づく民主主義」しかない。それが現実的には最善の選択なのである。二〇世紀前半のナチズムのドイツを追われたシュトラウスにとってもそうであった。

これがクリストルの世界観だ。フクヤマの思想遍歴と似ている。彼らは単純な近代主義者ではない。いったん深刻な近代批判の過程を通って、現実の選択肢としてあらためて近代化プロセスの意味をつかみ取っているといえる。そういう意味では、ここでは詳述できないが、日本近代化の過程での福沢諭吉や夏目漱石の思想の構造とも似ていることを指摘しておきたい。

クリストルの「自伝的回想録」はさらに、自身が七十五歳になった九五年時点で「(政治問題よりも)アメリカ文明、さらには西欧文明の問題ある部分にずっと興味が湧いている。現在の社会問題よりも近代（モダニティ）の問題性ある諸側面に興味を抱かせられる」と語っている。また、ネオコンサーバティズムについては「ある世代特有の現象であり、いまではより大きく、より包括的な保守主義の中にほとんど吸収されてしまった」との見方を示していた。

興味深いのは、この翌年一九九六年にもう一人のネオコンの泰斗で文芸批評家でもあるノーマン・ポドレッツが、三十五年にわたって編集長を務めたネオコン論壇誌『コメンタリー』誌上で「ネオコンサーバティズムは死んだ」と宣言して長文の「弔辞」を寄せたことだ（第二章参照）。ポドレッツがいうのもクリストルと同じ趣旨で、この思想運動は一つの世代の特有な現象であり、一九九〇年代半ばまでに至って、もはやネオ（新しい）と呼ばれる理由はなくなった、アメリカの保守主義の本流となった、ということである。さらに、ポドレッツは、ネオコンの役割は「アメリカ社会がよってたつ価値観と制度への知的、精神的な信頼を立て直す」（エッセー「新保守主義・弔辞」）ことであったと力を込めて断言する。

ポドレッツの場合は、クリストルやフクヤマと違って、シュトラウス政治思想との格闘による近代批判の洗礼を受けてはいない。しかし、一九五〇年代から六〇年代前半にかけて、左派ラディカルの文芸批評家として、アメリカ近代主義をさまざまに批判する文芸作品を読み込みながら、反アメリカ（反近代主義）的思想に対抗する思想を確立していった。

彼のそうした思想遍歴は、左派から保守主義者へ転じていく節目で著した問題作『メイキング・イット（成功する）』（一九六七）に明らかにうかがわれる。文芸評論家として自分が成功するまでの過程を赤裸々に描き出し、露悪的とまでいわれたこの半生記は、アメリカ社会における「カネ、権力、成功」といった価値を真っ正面から肯定してみせている。

同じ「ネオコン」という名前でも……

クリストルとポドレッツによる一九九五－九六年にかけての「ネオコン終結宣言」は、冷戦終結後の唯一の超大国となったアメリカにおける一種の「勝利感」に由来する。

その時点から、彼らより若く、七〇年代後半からネオコンの戦列に加わっていった外交ネオコンらを軸に、初期ネオコンに「死亡宣告」されたネオコンサーバティズムの再興の動きが始まった。中核となったのはアービング・クリストルの息子ウィリアム・クリストルや、のちに著書『ネオコンの論理』で有名になったロバート・ケーガンらだ。ここには明らかに世代交代がある。生まれ出たのは、思想の名称こそ同じでも、父親クリストルやポドレッツが創りだし広げていったネオコンサーバティズムから派生し、一部断絶した新世代の新しい保守主義と考えたほうが良さそうだ。

世代交代を明確に印象づけたのは、新世代のネオコン論客の一人、軍事史家マックス・ブート（一九六九－）による『ウォールストリート・ジャーナル』紙（二〇〇二年十二月三十日）への寄稿「ネオコンっていったい何だ？」である。かつては、トロツキストだったり、リベラル（進歩派）だったり、民主党員だったりしたのが、「現実に圧倒されて」（アービング・クリストル）保守派に転向したのがネオコンだというが、自分たちはそうではない。はじめから保守であり、共和党支持だ。自分たちのテーマは「アメリカの理想をアメリカの力を使って広めることだ」と断言している。

また、かつてネオコンは保守主義思想運動の「新参者」だったのに対し、いまでは自分たちこそが「主流」だと任じている。この寄稿に見られるブートの思想史的な意識では、ネオコンの源流は七〇年代後半の外交ネオコン（ヘンリー・ジャクソン民主党上院議員〔一九一二―八三〕の下で対ソ強硬外交を立案・主張したポール・ウォルフォウィッツやリチャード・パールら）である。クリストル（父）やグレイザー、モイニハンらが六〇年代に内政への取り組みとしてネオコンサーバティズムの運動を始めた歴史はすっぽりと意識から抜け落ちている。

おそらく、これが9・11以降にネオコン問題を意識した世界中の多くの人の抱いているネオコン像だ。それは、二〇世紀思想史上のネオコンサーバティズムとは違って、九〇年代以降に変貌を遂げつつあったアメリカ・ナショナリズムとの混合体とでもいうべきものだ。主導者らの多くが（いくつかの理由で）ネオコンを称していたため混乱が生じた。これを後期ネオコンサーバティズムと仮称した場合、その中核的思想を示しているのはどのような著作だろうか。

重要な文献として挙げるべきはデイビッド・ブルックスが一九九七年にネオコン論壇誌『ウィークリー・スタンダード』(同年三月三日号)に寄せた「国家的偉大さへの復帰　失われた信条を求めての宣言」であろう。のちに『ニューヨーク・タイムズ』のコラムニストとなるブルックスは当時『ウィークリー・スタンダード』編集者だった。

この寄稿でブルックスは次のように訴えた。アメリカは冷戦後、世界の中でかつてない優位を得たのに、なんら世界的な目標意識ももっていない。国家目標と言えば財政均衡、国民も私生活上の小さなことしか考えない。一世紀前のアメリカは経済・政治でさまざまな困難に直面しながらも、外にはパナマ運河建設、内には国立公園創設など次々と大事業を繰り出し、偉大なアメリカを打ち立てようと努力した。ギリシャ、ローマに次ぐような歴史的国家となるため、大目標を据えて国民を鼓舞するのが政治の役目だ――。一種のナショナリズム論議である。一九六〇―七〇年代にネオコンが誕生したときの福祉、犯罪など国内諸問題を緻密に分析しようとする姿勢と、ほとんど連関が見えない。

このブルックスの訴えが、9・11後のアメリカの対応としてのイラク戦争にあたって大中東民主化計画などの構想を生み出す思想的な背景になっていく。しかし、一方でそうした強い国家目標意識が逆に性急なイラク攻撃とその後の失政につながり、今日のネオコンの衰退とアメリカ外交の混迷に至ったといえる。ただ「国家的偉大さへの復帰」から9・

11テロ、イラク戦争とその混迷にいたる、起伏の激しい流れの中にも、通奏低音として聞こえるのはアメリカ主導の「近代システム」の前進を図ろうとする意志だ。

アメリカは終わらない

アービング・クリストルはこの経緯を見て、イラク戦争開戦後に一九九五年当時の「ネオコンサーバティズムはアメリカ保守主義の本流に吸収された」という見解を取り下げた。代わって、ネオコンはアメリカ史の中で不規則的に表面化する一種の「信条」のようなもので、それはアメリカの保守主義を「近代的民主主義の統治に相応しく変える」のを目的としていると、新たな分析をした。それは二〇世紀になってはじめて現れた欧州にはない「アメリカ気質の変種の保守主義だ」という。ネオコンの定義に明確に「近代」とアメリカという特殊性を織り込んだ、内部の人からの分析であり、興味深い（前出のエッセー「ネオコンの信条」）。

フランシス・フクヤマの同志社大学における講演は、『アメリカの終わり』という著作による後期ネオコンの失敗の分析を踏まえ、初期ネオコンの持っていた慎重な態度を復活させ、あらためてアメリカを近代化プロセス推進のエンジンとして甦らせようとする意志を示したものだった。近代的民主主義のための統治の完成を目指すというクリストルのネオコン分析を、そのまま世界規模で証明するような動きといえる。

後期ネオコンの失敗の思想的背景は、クリストル（父）やフクヤマのように「反近代」思想の持つ意味を十分かつ積極的に理解しないまま、一面的に近代化を推し進めようとした点にあるというのが筆者の見解だが、この点はいずれ別の分析が必要だろう。また、ネオコン史の中で第二次大戦をまたいだ世代のユダヤ系知識人に注目した場合、「ユダヤ移民経験、ホロコースト、二〇世紀を通じての全体主義との戦い」が軸となってくる。実際、そうした立場でユダヤ人知識人がネオコン史を分析した著作（ジェイコブ・ヘイルブラン『自分たちは正しいと信じていた』（二〇〇八））などもある。その中において、なぜネオコンが「アメリカの近代」にこだわるのか、ユダヤ思想史としての叙述も必要だろう。しかし、ネオコンは多くの非ユダヤ知識人を加えて、ユダヤ思想史を超えたものになっているのも事実だ。それらを踏まえての結論は、『アメリカの終わり』の拙訳解説で述べたことでもあるので、それを引用する。

「フクヤマ氏はネオコンと訣別したとされるが、実はアメリカの軍事力に驕《おご》り、安易にイラク戦争を主導した自称『ネオコン』たちこそが、二〇世紀の中心を閃光のように貫いて世界を動かしたこの思想潮流の逸脱者だ。フクヤマ氏は一九三〇～四〇年代のネオコン第一世代、六〇年代の第二世代の思想の〝核〟を引き継いで、二一世紀の世界構想を作ろうとしている」

その世界構想とは、便利で豊かで安全な生活と、理不尽で暴虐的な支配を受ける心配のない政治制度を保障する近代システムを、広く地球上に及ぼすことなのは間違いない。その最後は、シュトラウスと親交を結び、今日の欧州統合の思想的基礎を築いたフランスのヘーゲル学者アレクサンドル・コジェーブの主唱した、近代の果ての「普遍同質国家」なのだろうか。

祖父・河田嗣郎

『歴史の終わり』の著者であるフランシス・フクヤマから、拙訳で二〇〇六年末に出版された『アメリカの終わり』（原題は『岐路に立つアメリカ』）の草稿の一部を受け取ったのは二〇〇五年の晩春だった。ときどき二人で会食していたワシントンの繁華街デュポン・サークルそばのイタリアン・レストランで別れ際に、「読んでみてほしい」と封筒に入った数十ページのワープロ原稿を渡された。

「アフター・ネオコンサーバティズム」（ネオコン後）と題されており、タイトルからして強く惹きつけるものがあった。週末に読んでみると「待っていたものが来た」と、興奮を抑えきれない思いがした。それは、ネオコンと呼ばれる思想運動の中心でこの二十年近く活躍してきた気鋭の思想家によるネオコン批判であり、簡潔で見事な思想史叙述であった。

邦訳『アメリカの終わり』では第二章「ネオコンの来歴」がそれに当たる。ネオコン思想史を、第二次大戦前のニューヨーク市立大（ＣＣＮＹ）における若き左派知識人たちの動きから、彼らがリベラル派知識人として一九六〇年代の人種政策・福祉政策によるアメリカ社会改造批判を展開し、「新保守主義者」と揶揄された時代を経て、今日までをたどる。さらに難解なレオ・シュトラウス思想の「誤解」を含めて、ネオコンがイラク戦争で失敗した原因をえぐり出す。序章での「ネオコン訣別宣言」も含めて、この思想運動の中枢にいたフクヤマでなければ書けない的確なネオコン論だった。

『アメリカの終わり』が意味を持つのは、それだけによるのではない。

イラク戦争とともにアメリカをどん底に引きずり込んだネオコン思想を解体し、そこから次の時代へと引き継ぐものを選び出し、アメリカを救い出す道を探りながら、新たな世界秩序編成を目指す思想をつくり出す。この本でフクヤマが行ったのは、そうした知的作業だ。保守、リベラル、国際主義、現実主義といったレッテル貼りや縄張り意識をすべて打ち捨て、思想そのものを再編する。実に剛胆な試みだとみた。

同書の中で、フクヤマはネオコン思想を解体していったように、国連を中心とした多国間協力の国際システムを解体していく。その正統性、実効性、透明性、責任能力といった機能別による解体だ。そこから組み立て直し、「重層的多国間主義」というあらたな方向性を示す。すでにアメリカや他の主要国が知らず知らずに進んで来た方向かもしれないが、それに明確な名前と意味を与える。まさに、時代と格闘する本物の思想家ならではの仕事ではあるまいか。物静かで穏やかなフクヤマのうちに潜む、知的エネルギーと未来へ挑戦していく力を感じた。

草稿の一部を渡されるしばらく前から、「フランシス・フクヤマ」という思想家を生み出した背景に強い興味を持つようになった。彼が亡命ロシア人思想家アレクサンドル・コジェーブ（一九〇二―六八）を介してのヘーゲル理解を基礎としているとか、亡命ユダヤ人政治哲学者レオ・シュトラウスの影響を受けているとかいった、思想史上の位置づけが論じられてきたし、筆者自身が『中央公論』誌上を借りて論じたこともあった（「アメリカニズム再定義の闘い」一九九二年十月号）が、それとは違った新たな興味である。

その興味は、ある時、フクヤマから「満州や朝鮮半島といった植民地経営に、日本はなんであれほどの大きな投資をしたのだろう」と疑問をぶつけられたことや、「わたしの母方の祖父のカワタ・シロウをご存じですか。河上肇という社会主義者の親友だったそうです」と尋ねられたことに発する。

父方で言えば三世、母方で数えれば二世の日本人であるフクヤマは日本語を話さない。コーネル大で西洋古典学を学び、イェール大で比較文学を修め、さらにハーバード大でソ連外交などを研究して学位を得た彼は、まさに西洋思想史のど真ん中に生まれたような才能だった。

満州のことなどを持ち出したのは、当時執筆中だった小著『ステート・ビルディング

「国家建設」に関わる興味だと分かった。河上肇が出てきたのも、会食中のちょっとした話題だとは承知した。しかし、ただそれだけでなく、彼の中の「あるもの」を示しているように思われた。

河上肇の親友だったカワタ・シロウは、戦前を代表する農業経済学者、河田嗣郎（一八八三―一九四二）のことである。京都帝大を「恩賜の銀時計」をもらって卒業、徳富蘇峰の『国民新聞』で記者をした後、母校の教壇に立ち、そこで、同郷（山口県）の先輩の河上肇と親しくなった。河上肇と同時期の大正初めに欧州留学をし、戻って新設経済学部の教授となる。河上肇とは研究室が隣同士で、真夏の日、河上教授が紋付き姿で、河田教授が白詰め襟姿で、それぞれ書を読んでいた姿を、教え子が懐かしく回顧している。河上の日記や随筆のあちこちに親友、河田嗣郎は登場する。欧州留学時は、フランスにいた島崎藤村とも親しく交流した様子が、島崎の著述にうかがわれる。

一九二八年、河上肇が京大を追われるように辞職すると、河田も二ヵ月後に「河上さんのいない京大なら……」と京大を辞め、大阪商科大学の初代学長へと移籍した。河田を迎え入れたのは、日本で初めての市立大学として商科大を創設した当時の大阪市長、関一（一八七三―一九三五）だ。関は東京高等商業学校（現一橋大学）教授から大阪市長に転じ、英語から訳した「都市計画」という言葉をはじめて使って、御堂筋拡張や地下鉄建設を進め商都を大きく発展させた学者政治家である。環境政策などでも先駆的な業績を残した。

河田は一九四二年に五十九歳で病没するが、生涯に六十二冊の本を著したという。京都・法然院に眠っている。その四年後の一九四六年に亡くなった河上肇も同じ法然院に墓所を望んでいたことから、そこに永眠することになった。二人の交友の深さが知れる。河上は河田の死を弔う漢詩数編を残したほか、法然院への納骨に際しても「しろたえのきぬにつつまるものとなりて土に入ります古きわが友」という歌で、「交遊三十五年」という親友への哀惜の念を詠んでいる。

河田嗣郎の四人の子（二男二女）は、いずれも成人していたが、うち三人は終戦までに相次いで病気で亡くなり、同志社で学んだ長女、敏子だけが戦後生き残った。妥協しないキリスト教者として戦前、軍部の圧力で同志社総長を追われ、アメリカに事実上「亡命」し、戦後再び総長になった湯浅八郎（一八九〇―一九八一、元京大農学部教授で今西錦司らの師、のち国際基督教大学＝ＩＣＵ初代学長）が、敏子を秘書にし、昭和二十五年に戦後最初期の女子留学生としてシカゴ大学に送り込む。そこで知り合ったアメリカ生まれで宗教学を学んでいた福山善雄と結婚して生まれたのがフランシス・フクヤマだ。結婚の仲人は湯浅八郎だった。

善雄はのちにペンシルベニア州立大学の宗教社会学教授になる。敏子は、湯浅八郎の秘書になる前に都新聞の論説記者も務めていた才媛で、結婚後は米国で陶芸家として活躍した。以上は、敏子の兄で三十二歳で早世した気象学者、信正の息子、関西大学学長の河田悌一氏（中国思想史家、フランシス・フクヤマの従兄）に提供いただいた資料などに基づく。

フクヤマの父善雄と母敏子はすでに世を去って、二人とも法然院の河田家の墓に眠るが、敏子の死後、河田嗣郎から敏子に預けられた遺品を調べると、フクヤマには読めない日本語のものが何点かあり、悌一氏のもとに戻ってきた。近代日本の中国学の始祖といわれる狩野直喜（一八六八－一九四七）と嗣郎、河上肇の三人が津田青楓画伯（一八八〇－一九七八）に絵を習っていたときの四人の画帳なども出てきて、悌一氏もびっくりしたという。一方、フクヤマは祖父が欧州留学した時に求めたというマルクスの『ダス・カピタル（資本論）』の初版本だけを祖父と母の形見として手元に置いている。

河田嗣郎の子たちが早世したため、悌一氏にもよく分からないのは、湯浅八郎がなぜ親のようにして敏子の面倒をみたのかだ。優秀な女学生だったからなのかもしれないが、筆者には徳富家を通じた縁が絡んでいたとしか思えない。蘇峰は、若いときに一年ほど『国民新聞』記者をしていた河田嗣郎の才能を高くかっていた。嗣郎の死去まで交流があったことは、蘇峰が寄せた弔辞が残っていることや、親しかった新聞人の書き残したものから分かる。国家主義的言論人となった蘇峰とは対極にいたキリスト者、湯浅八郎だが、実はその母、初子は旧姓徳富で蘇峰の姉だ。つまり湯浅八郎は、徳富蘇峰の甥なのである。

八郎は、同志社創設の新島襄の故郷、群馬県安中町に日本人自身の手によりつくられた最初のキリスト教会である安中教会の中心的存在であった湯浅治郎の五男である。徳富家といえば、日本におけるプロテスタントの草分けである熊本バンドの中心的存在だ。蘇峰も蘆花もそこを出発点としている。その熊本バンドと安中教会が結びついたところに湯浅八郎は生まれたわけだ。八郎は十八歳で、単身カリフォルニアにわたり農園で働きながら勉学に励み、カンザス大学農学部に進む。

思想史と人間のドラマ

アメリカで昆虫学を修めた湯浅は帰国後、大正十三年に京大農学部教授となったが、その頃、経済学部の教授として農業経済を教えていたのが河田嗣郎である。この二人がそこで接点を持ったのは間違いないだろう。早すぎた死のため今日では忘れられかけた河田だが、当時は単に農業経済にとどまらず、広範な社会問題で論客として鳴らした。しかも、河田が若いころに湯浅の叔父である蘇峰の『国民新聞』で働いていたとなれば、二人の交友は深まったはずだ。やがて、河田は関一の大阪商科大へ、湯浅は新島襄の同志社へと、それぞれ学長として迎えられていくが、交遊は続いていたとみてもおかしくない。そして、河田の遺児である敏子を湯浅が面倒を見続けたということだろう。

さらに湯浅と河田をつなぐものがある。一九二八年、京都帝大経済学部教授会は河上肇に対し無産者運動に近づきすぎたとして辞職勧告を出すが、河田はこのとき抗議の意味を込めて教授会を欠席した。そして自身も京大を離れることになる。一方、その五年後に、滝川幸辰京大法学部教授を「赤化教授」として政府が罷免要求を出し、反発する法学部教員全員が辞表を出した「滝川事件」で湯浅は学部を異にしながら法学部教員らに同調、政府からにらまれることになった。二年後には同志社総長に転ずる。滝川事件で京大を辞めた教授らの一部は河田のいた大阪商科大に移っている。こうしたことを考え併せると、河田と湯浅は浅からぬ縁だったと推察できる。

そのようにさまざまな糸を繋いでいくと、明治・大正・昭和を貫き、河田嗣郎を軸に社会主義者の河上肇、国家主義者の徳富蘇峰、キリスト者の湯浅八郎らが登場する大きな思想史と人間のドラマが立ち現れてくる。

しかも、そのドラマは日本だけでは終わらない。

河上の影響は中国へと伸びた。周恩来は大正期の日本留学時代に河上に強く惹かれ、影響を受けたといわれる。河上の著作に出会って共産主義者になったという見方もある。毛沢東も一九三〇年に中国語訳された河上の著作を読んでマルクス主義経済学理論を学んだ。河上の本が一九一九年ごろから続々と中国語に翻訳され、中国マルクス主義と共産主義運動の発展に寄与した様子は三田剛史『甦る河上肇　近代中国の知の源泉』（藤原書店）に詳しい。

一方、その親友、河田嗣郎の方を見れば、湯浅八郎の手助けでシカゴに留学した長女河田敏子を通じアメリカにつながり、世界に衝撃を与えた『歴史の終わり』を著すフランシス・フクヤマとネオコン運動へと大きな枝を伸ばしたとみることができる。

悌一氏によれば、京都帝大を「恩賜の銀時計」を得て卒業した嗣郎にもっともよく似ているのはフランシスだと河田家では言われていた。その博覧強記、「引き出しのたくさんある頭脳」が似ているのだという。フクヤマが繰り広げるスケールの大きな議論からもその片鱗はうかがえる。そこには、祖父嗣郎とその周りで欧州とアジアをつないで展開していた思想のドラマが、時を経て反映していると考えるのは、ロマンティックすぎるだろうか。思想の連鎖が、地球規模で時に世代を超えて続いていく。「近代」とはそういう時代なのか。そのことを一度ゆっくりとフクヤマと話してみたい気がする。

彼自身、自分の祖父だけでなく、その親友だった河上肇という日本のマルキシストの名を知り、第一次大戦勃発の時に欧州留学していた祖父の求めた『ダス・カピタル』を前に、知の連鎖を考えて不思議な感慨に耽るときがあるのではないだろうか。マルクスが生み出したものは、コジェーブやシュトラウスを介して、アメリカのネオコン思想史にもつながってくるからだ。

二〇〇五年夏にフクヤマは次男とともに里帰りして、法然院の河田家の墓参りをした。そこには母敏子と父善雄も、祖父嗣郎とともに眠っている。

「これまでの生涯で訪れた最も美しい場所だ」

その時の印象を筆者へのメールでそう語っている。フランシス・フクヤマは日本近代思想史が生んだ人でもある。

第十二章

「歴史の終わり」から「歴史の始まり」へ
――フランシス・フクヤマ（続）

『歴史の終わり』（一九九二）で著述家としてデビューしたフランシス・フクヤマは、それからほぼ二十年後、今度は「歴史の始まり」と呼ぶに相応しい大著で、再び人類の（思想的）歴史を考え直す大きな取り組みに入った。二〇一一年に上梓された六百ページ近い著作 The Origins of Political Order がそれだ（拙訳により『政治の起源』上下巻として講談社から出版された）。人類の政治制度の起源からフランス革命までの発展をさぐっており、「歴史の始まり」と銘打ってもよいような内容となっている。大著は再び世界的反響を呼び、『ニューズウィーク』誌はまさに「歴史の始まり」というタイトルでフクヤマとの大きなインタビュー記事を載せた。

その大著が出来上がっていく過程で時折、ワシントンあるいは東京で、彼と食事をしながら進捗を聞く機会があった。その関心は「歴史」ではなかった。むしろ、今日われわれの生きている世界を考える作業であった。おそらく二〇〇一年の9・11テロ以降、『歴史の終わり』の著者の関心は、その終わりにどうしてもたどり着けない国々や地域に移ったように思えた。以下、フクヤマとの対話の思い出も交えながら、『政治の起源』が成立していった思想発展過程を跡づけよう。

同書の内容そのものについて考える前に、フクヤマのこの二十年余の諸著作の流れを考えてみたい。人類の政治制度をめぐる思想闘争はリベラルな民主主義に収斂していくかたちで最終的な決着を見た、と結論づける著作『歴史の終わり』は、大きな論争を巻き起こした。いわく、9・11テロは起きるし、アジア通貨危機、リーマンショックのような世界的経済混乱も起きる、歴史は終わっていないではないか……。だが、のちにフクヤマ自身も解説したとおり、『歴史の終わり』は「これからの歴史は平穏に推移する」と予言したのではない。豊かな生活と高い医療水準で飢えや病いから守られる「近代的生活」に入りたいという欲求は普遍的なものであり、人々がそれを追い求めていけば、経済の近代化を経て高い教育を受けた中産階級が生まれ、彼らは必然的に政治的自由を求めていくことになる、ということを説いたのである。

だが、その過程には不測の事態、新たな思想や技術の出現などで大きな後退も起きうる。フクヤマはそのように想定し、続く著作で「近代」が抱える問題を一つひとつ探究してきた。一九九五年の『「信」無くば立たず』では、当時の世界経済を牽引していた米独日の巨大企業資本主義を支える「信用」の成立構造を探った。九九年の『「大崩壊」の時代』

では、情報化時代の新しい資本主義のもとで起きている先進国の「社会秩序の崩壊」を追った。二〇〇二年の『人間の終わり』ではバイオテクノロジーによる遺伝子操作の危険に哲学的警鐘を鳴らした（出版年は原著）。

『政治の起源』の直前の著作（単著）は、二〇〇六年の『アメリカの終わり』（講談社刊・拙訳）だ。同書はフクヤマがそれまで属していた思想グループ、ネオコンサーバティブへの絶縁状として、世界的な話題となった。主眼は、対イラク戦混迷への反省に立った新しいアメリカ外交への提言であった。フクヤマがネオコンであるかどうかという問題は、ネオコンという用語の意味の変遷や、そう呼ばれた政策知識人らの世代交代もあって、単純に論ずることはできない（後述する）。

一連の著作の奥に覗き見えるのは、『歴史の終わり』後の人類の諸問題を正面から見据え、それらを乗り越えて「近代」を前進させようというフクヤマの強い意志である。『アメリカの終わり』を書き終えたころ、フクヤマはグローバル化した近代化プロセスが直面する四つの大きな問題について講演などで問い掛けていた。四つとは、第十一章で述べたように①政治的イスラムの台頭、②国際レベルにおける民主主義の欠如、③貧困、④技術革新——である。

フクヤマは並行して、一時国際テロ集団に乗っ取られていたアフガニスタンの問題などを考え、「なぜ国家は崩壊するのか。成長軌道に乗る国と、そうならない国があるのは、なぜか」と自問していた。『アメリカの終わり』の拙訳が出たころ、来日したフクヤマと、たびたび食事をしながら、そうした問題をよく議論した。ある時から、議論のテーマは、そうした「失敗国家」とは逆に急伸長を遂げる東アジア諸国の経済発展の背景となり、その中でも中国の興隆が持つ世界史的意味、そして「中国は果たしてリベラルな民主主義に収斂していくのだろうか」という疑問にもなっていった。

中国に始まった「近代」

そうした問いや疑問を持って、『歴史の終わり』以来約二十年ぶりに政治制度の問題に本格的に取り組んだのが『政治の起源』である。近代的政治制度は、人類史の中で、どのようにして出現したのか――。実にスケールの大きな問いを、これまた実に壮大な叙述で、とりあえずフランス革命期まで追っている。学問の世界がどんどんと狭い専門領域に閉じこもる時代に、こうした大きな構えで著作を世に問う学者はきわめて少なくなった。一人で通史を書く学者もまれだ。そうした意味で、フクヤマは貴重な存在であり、また学者というより思想家と呼ぶのが相応しい。

しかも、フクヤマの叙述は、政治制度の歴史をギリシャ・ローマから中世ヨーロッパ、宗教革命を経て啓蒙思想によるブルジョワ革命から産業革命――と、西欧中心にたどるのとはまったく違う。まず中国の秦の始皇帝がつくった中央集権化した強力な国家権力と能力本位の官僚制創設に政治制度における「近代性」の萌芽を見る。この意外性こそが、同書の大きなポイントだ。

秦の始皇帝による近代的政治制度のスタートを語る前に、同書は人類の誕生から部族社会の形成にいたる経緯をたどり、今日の進化人類学や遺伝子生物学などの成果を総動員し、近代政治制度の思想的基礎を据えたホッブズ、ロック、ルソーらの「自然状態における孤立した人間存在」、あるいは個としての人間の「万人に対する万人の戦争」といった前提に見直しを迫っている。人間ははじめから社会的存在として集団の中で生きており「進化の過程で人類が孤立した個人として存在したことは一度たりともなかった」とフクヤマは断じる。

こうした人間存在観はすでに『「大崩壊」の時代』でも試行的に論じられていたが、同書ではじめて本格的に啓蒙思想家らへの反駁が行われている。これによって、古典的な近代観――宗教革命による自我の確立と個人主義の誕生、それをベースにした啓蒙思想による社会契約の思想の発展――を振り切って、フクヤマは近代の政治制度発展をまったく新しい観点で論じる道に踏み出すことができた。古典的な近代観を離れたからこそ、あえてギリシャ・ローマに帰る必要もなくなり、近代政治制度の発展の道筋を、大胆に、広く人類全体のさまざまな政治制度のなかに探っていくことができたのである。

フクヤマは同書で、近代的な「リベラルな民主主義」を進めるのには三つの制度が必要だと指摘している。①権力を統合し行使できる国家、②法の支配、③説明責任を負う民主的な政府――である。うち③は啓蒙思想による社会契約の概念を受けて発展していく制度だが、①、②はずっと古い起源を持つ。①は部族国家や、その次の段階である家族と家来によって国家を治める家産制国家の形もとるが、能力本位の官僚制を打ち立てることで「近代性」を得ていく。②は宗教と密接なかかわりを持つとフクヤマは考えている。それは同書の叙述から明らかだ。

「法の支配」のルーツを中世カトリック教会の司教任命権限をめぐって神聖ローマ皇帝とローマ教皇とが争った「叙任権闘争」と、破門された皇帝が雪の中で赦しを乞うに至った「カノッサの屈辱」にたどる。それだけでなく、似たような宗教制度を持ちながらイスラム世界やビザンツ帝国では「法の支配」が確立しなかった経緯を論じるところなどは、きわめて興味深い。

こうして、三つの近代的政治制度の発展をたどる中で、フクヤマがしばしば中国の問題に立ち返ろうとする点に、注意を払うべきだ。彼は、ただ近代政治制度の歴史をたどるために同書を著したのではない。いま、現前にある中国の興隆という世界史的な事件を受け、『歴史の終わり』で提起した「近代」の前進による「リベラルな民主主義」への政治制度の収斂は、果たしてこれからも続き得るのかを、人類史をさかのぼって大きな射程で確かめようとしているのだ。

なぜ中国で歴史は終わらない

中国は①の「権力を統合し行使する国家」としては西欧よりも千八百年も早く「近代性」を身につけた。しかし、リベラルな民主主義へと進むためのあと二つの制度、②法の支配、③説明責任を負う政府――は、まったく達成できていない。この三つがバランスよく揃うことによって、はじめて本格的近代政治制度が動き出し、自由が進展するのだ。三つがバランスよく揃うためには、三つの別の力が必要である。すなわち、①経済成長、②社会的動員、③国家が正統性・正義に基づくという認識――だと、フクヤマは説く。韓国はこれらの3プラス3の六要素の展開で、まがりなりにも朴正熙《パクチョンヒ》政権の強権政治時代を抜けて、今日の近代的な民主国家に生まれ変わることができた。中国はどうなるのか。どうすべきか。それは続編『政治の衰退』の中で探究されていくことになろう。

もう一つ、同書が単なる歴史書ではなく、アクチュアルな思想書であるのは、はたしてリベラルな民主主義を支える政治制度は、これから来る時代を乗り切って、『歴史の終わり』の制度として、世界が収斂していくにふさわしい制度なのかということも問うている点にある。

秦において、世界史にはじめて登場した政治制度の「近代性」(この場合は能力本位の官僚制)は、やがて世襲貴族の復権などで身内の利益だけを図ろうとする動きが広がり、

「家産制」の復活に至る。近代的政治制度の発展と、その反動として起きる、家族や仲間の利益だけを長期的に確保しようとする動きの反復が、同書の「執拗低音」である。家産制の復活による私益追求(rent-seeking)はついには体制崩壊を招き入れ、そこからまた近代的制度の探求が再開されることになる。

フクヤマは、この「家産制」の復活に相当する事態が、現代の先進国政治にも起きていると見ている。政治を私物化し、自分とその縁者・仲間の利益を図ろうとする動きがはびこり、政治が身動きできなくなっているのが先進国政治の姿ではないか、と暗に問い掛ける。

おそらく、その文脈においてであろうが、東日本大震災の津波による東電福島第一原発事故を受けて、二〇一一年の夏にインタビューで会った筆者に対し、フクヤマは「原発事故が指し示した問題は、日本人が原発を安全に使えないということでなく、安全を確保できる制度をつくれないという点にある」と語った。規制当局と規制される側の癒着の問題である。この現代の「家産制復活」による私益追求の構造こそが、リベラルな民主主義が抱え込んだ大きな課題であるということは、おそらく続編で「政治の衰退」の問題として追究されていくだろう。

トクヴィルとの類似性

『政治の起源』の内容に即した解説はここまでとして、この著書を通して見えるフクヤマという思想家について、考えてみたい。

まず、フクヤマはいわゆる「ネオコン」の中心的な思想家であるという、一般に流布する印象がある。正しくもあり、間違いでもあると述べておきたい。

繰り返しになるが、「ネオコン」という言葉は、今日ほとんどその言葉が生まれた背景も忘れられ、単に「タカ派」という意味で使われているに過ぎない。アメリカの代表紙である『ニューヨーク・タイムズ』でさえ、戦後保守論壇の創設者ウィリアム・バックリー（一九二五―二〇〇五）を指して「ネオコン」と呼んだりして、アメリカ戦後思想史への無知をさらけ出している。あるいは、言葉の意味がそれだけ変わってしまったということだ。

そうなったのには理由がある。二〇〇三年のイラク戦争を主導した政策知識人たちは、新保守主義者（ネオコンサーバティブ＝ネオコン）を誇らしげに標榜していた。冷戦終結を導いたレーガン政権を生み出すのにかかわり、一部は同政権に加わった一世代前の新保守主義者たちの後継者である、という自負でそうしていた。

彼ら二〇〇〇年代の外交・安全保障タカ派の政策知識人たちが、フクヤマの主著である『歴史の終わり』を一種のバイブル、重要文献とみなしていたのは事実である。そのため、ある時期までフクヤマ自身は彼らと行動をともにしていた。しかし、二〇〇三年のアメリカの対イラク開戦を機に、フクヤマは彼らと袂を分かった。ネオコンの「アメリカ一極主義」は自身の世界観と相容れないことがはっきりしたからだ。その経緯は二〇〇六年の著書『アメリカの終わり』に綴られている。

筆者の記憶に間違いなければ、フクヤマは二〇〇四年大統領選で現職ブッシュ大統領ではなく、民主党候補ケリー上院議員（当時）に、〇八年も共和党候補マケイン上院議員ではなく、民主党候補オバマに票を投じている。

なぜ、外交・安保タカ派たちは『歴史の終わり』をバイブルとみなしたのか。自由と民主主義の前進の必然性が示されているからだ。自由と民主主義が必然ならば、強制しても構わないのではないか（「レジーム・チェンジ」の思想）。二〇〇〇年代ネオコンはそう考えた。それがいかに間違っているかを、フクヤマは『アメリカの終わり』で簡潔に示し、さらに近代的政治制度の形成はいかに複雑で、かつまた壮大な歴史の過程を経ているかを『政治の起源』で詳細に述べた。

ついでながら、民主主義の必然を説いて、二〇〇〇年代ネオコンによってバイブルとして扱われた本がもう一つある。アレクシ・ド・トクヴィルの『アメリカのデモクラシー』である。そこにはやはり、抗うことのできない、「平等」＝民主主義の前進が描かれているからだ。だからといって、われわれはトクヴィルを「ネオコン」と呼んで、その価値を否定することはできない。当然である。フクヤマを「ネオコン」として退ける人がいたとすれば、トクヴィルをそのようにして退けるのと同様の過ちであるといえよう。『政治の起源』という作品は、そのことを示している。

明晰さをもたらす知的勇気

フクヤマを「ネオコン」と呼ぶとしたら、こんにちアメリカのタカ派的外交・安保政策を主唱する政策知識人たちではなく、一世代前の初期ネオコンとの類似性においてであろう。一世代前のネオコンたちは、決してこの呼称を誇らしいとは思っていなかった。彼らが自分たちを「保守」と思っていたかも疑問だ。もともと民主党系リベラルの知識人たちで、一九六〇―七〇年代に民主党が大きく左カーブを切ったため、行き場を失った人たちだった。フクヤマが『アメリカの終わり』で描くように、その中核はニューヨークのユダヤ移民二世であった。彼らは共産主義とファシズムという二〇世紀の世界の政治・思想の大混迷と深くかかわって生きざるを得なかった知識人だ。

移民の子として当然のことながら民主党側に付いて言論活動を行い、実際の政治にかかわって、アメリカ社会の平等化推進など「近代」の前進を図ろうとしていた。だが、極端に理想主義化する六〇年代半ばの民主党国内政策の弊害に気付き、現実を直視した冷静な政策を求めた。それが「保守的だ」と批判を浴び、ネオコン（新保守主義者）のレッテルを貼られた。

最初にネオコンのレッテルを貼られたアービング・クリストルがいうように、ネオコンとは「現実に圧倒された進歩派（リベラル）」だった。かれらは理想主義を排し、徹底的に覚めた目でアメリカの社会の現実を検証し、そこから着実な前進の道を探ろうとした。その高い知的レベルは、クリストルとダニエル・ベル（一九一九—二〇一一）が編集長となって一九六五年に創刊し、初期ネオコンの理論誌と見なされた『パブリック・インタレスト』（二〇〇五年廃刊）で繰り広げられた論議を見れば明らかである。

フクヤマはクリストルらに比べずっと若いが、その知的姿勢において第一世代のネオコンに属している。『政治の起源』に見られる、政治制度の中の「近代性」を、徹底的に歴史を腑分けして探し出していく態度は、『パブリック・インタレスト』に参集した知識人たちがアメリカ社会を冷静に観察していった態度に通じる。似たような知的作業は前著『アメリカの終わり』でさまざまな国際機関の機能を、組織の「正統性」「実効性」「説明責任能力」……で切り分けて、それぞれの機関をどのように組み合わせて使っていくかを論じた際にも見られた。

もう一つ、初期ネオコンの仕事に見られる特徴は、「衝撃性」である。その衝撃性は、明晰さから来る。そして、その明晰さをもたらすのは、知的勇気だ。フクヤマの『歴史の終わり』が、その典型である。ためらうことなく、ことの本質に切り込んでいく。『政治の起源』でも、政治制度の「近代性」の始まりを、徹底的な知的検証の結果として、ずばり中国の秦の官僚制に置き、議論を始める。論の進め方は明晰であり、だからこそ衝撃的だ。だから、論争を巻き起こす。

こうして、フクヤマの知識人としてのスタイルを観察してみると、イラク戦争を主導して騒がれた（第二、第三世代の）ネオコンとはまったく違い、むしろダニエル・ベルやデビッド・リースマン（一九〇九―二〇〇二、『孤独な群衆』著者）らに近いものが見える。

もうひとつ重要なことは、フクヤマも含めてこれらの知識人らにとって「近代（modernity）」という問題が占める大きさだ。それは二〇世紀という時代が直面し、いまも引きずっている大きな問いである。われわれは、この「近代」を推し進めていっていいのか。二〇世紀は二つの世界大戦、地球の半分を覆った共産主義体制、それへの反動でもあったファシズムの興隆……など、とてつもない殺戮や過酷さを通して、「近代」の恐るべき側面に触れた。いま日本人が東電福島第一原発事故を通して覗いているのも「近代」の深淵である。今後もこの道を歩み続ければ、人類はまた不測の事態に遭遇しないとも限らない（中国の興隆と挑戦がそれかもしれない）。

しかし、それでもわれわれは、この道から逃げてはならない、後退してはならない。それがフクヤマや初期ネオコンと呼ばれた知識人らの近代観だ。まだ「近代」の恩恵に浴していない人々は世界に溢れている。貧困と飢餓、前近代的な圧政に脅かされている人々はたくさんいる。「近代」はそれらの人々を救い出していかなければならないと、彼らは考えている。だが同時に、われわれが生きている「近代」の修正も必要だ。それは、まだまだ未完のプロセスだからだ。

ただ、前章に述べたように近代批判の思想的洗礼も経たうえでの近代肯定なのである。そのあたりを踏まえて、『歴史の終わり』から『政治の起源』に至るフクヤマの思想遍歴を考えてみることが必要であろう。

『ダス・カピタル』

フクヤマは二〇一〇年、長く教壇に立った首都ワシントンのジョンズ・ホプキンス大学高等国際問題研究大学院（ＳＡＩＳ）を離れて、米国西海岸のスタンフォード大学に移った。上級フェローという待遇で、研究・著述に専念している。

二〇一一年、大学近くの新居を訪ね、そこではじめて、彼が大切にしている一冊の大きな本を見せてもらった。『ダス・カピタル（資本論）』（第一部）の初版本である。

前章でも述べたように、フクヤマの母方の祖父河田嗣郎が欧州に留学した際に求めたものだ。河田は一九四二年に五十九歳で病没するが、長女の敏子は戦後、米国に留学し、日系二世の宗教社会学者の福山善雄と結ばれ、二人の間に生まれたのがフランシス・フクヤマである。その祖父嗣郎と母敏子の唯一の形見としてフクヤマが手元に置いているのが『ダス・カピタル』初版本だ。

居間の書棚からそれを取り出して見せてもらったとき、一世紀半をかけ地球を半周し、途中、河田嗣郎だけでなく、おそらく河上肇の目にも触れ、いまフクヤマという知性にも何かを訴えかけている『ダス・カピタル』に、思想の伝播の不思議さ、「近代」という時代のおもしろさを見た。

第十三章　「トランプ現象」とラディカル・ポリティクス

二〇一六年の米大統領選を前にした民主・共和両党の大統領候補指名争いは、二〇一五年後半の前哨戦から近年にない混迷ぶりを見せた。特に大統領ポスト奪還を狙う共和党側は立候補者が一時十七人と乱立、事前の想定では最有力候補とされていたジェブ・ブッシュ前フロリダ州知事が振るわず、党主流派とは無縁といってよい不動産王ドナルド・トランプが予想もされなかったダントツの支持率を得て、二〇一六年二月からの州ごとの予備選挙・党員集会を独走した。

トランプは一五年六月の出馬宣言でメキシコ移民に「レイピスト（強姦犯）」がいると訴え、米墨国境に「万里の長城」のような壁の設置を求めたのをはじめ、同年十二月のカリフォルニア州でのイスラム過激派夫婦による銃乱射事件（十四人死亡）を受け、イスラム教徒の全面入国禁止を呼びかけるなど過激な発言を繰り返し、米国内だけでなく国際的にも物議をかもした。ふつうなら政治生命を失うような暴言も度重なり、リベラル保守を問わずメディアから厳しい批判を受けたが、トランプへの高い支持は衰えなかった。「トランプ現象」とでも呼ぶほかはないこの事態の背景は何なのかを、現代アメリカ政治・社会の文脈で考え、アメリカ政治（思想）史における位置づけも考察してみたい。そこでは当然、「ポピュリズム」という言葉の原点となった一九世紀末の「人民党」の運動などが重要な参照枠組みとなる。さらに冷戦終結以降、先進各国を中心に、とくに欧州でここ数年激しさを加えるナショナリズム潮流と関連付けると、米欧同時現象という様相もうかがえる。もっと広く、世界的にシンクロナイズする「ナショナル・ポピュリズム」の興隆と見ることも可能だ。そこには移民排斥ないしは排外主義の共通項が指摘できる。こうした共通現象を生む背景についても考えてみたい。

合衆国の所得と貧困

二〇一五年十二月四日に発表された米大統領選に関する「ＣＮＮ／ＯＲＣ」世論調査によれば、同年夏以降の各調査が示してきたひとつの傾向が、かなり明確なかたちで明らかになった。共和党支持者を見ると、大卒以上では支持率トップはテッド・クルーズとマルコ・ルビオの両上院議員（ともに十九％）で、トランプは一ポイント差を付けられて二人の後塵を拝した。だが、高卒以下の共和党支持者の場合は大きく異なり、トランプ支持率はなんと四十六％、続くクルーズ、ルビオらは十％前後に過ぎなかった。両学歴グループの間でトランプ支持に二十八ポイントもの差があった。この高卒以下の間での圧倒的人気により、トランプの支持率は共和党支持者全体の三十六%にも及び、二位（クルーズ）以下を二十ポイント以上引き離した。

この大卒以上と高卒以下の支持の大差について、『ワシントン・ポスト』紙のベテラン政治コラムニスト、E・J・ディオンは共和党内における「階級闘争」の現れだと指摘し、「億万長者トランプは共和党を支持する労働者階級のヒーローなのだ」と述べている。

ジェブ・ブッシュ候補ら共和党主流派が、かつて第三党「改革党」大統領候補になろうとしたりして共和党への忠誠にさえ疑義があるトランプに太刀打ちできないのは、白人労働者階級の共和党支持者らの期待にほとんど応えてきていないからなのは、この世論調査でも明らかになった。ディオンによれば、共和党支持の白人労働者階級は自分たちが置かれている「経済的苦境」の原因は移民であり、また貧困層が福祉を食い物にしているからだと感じている。こうした不満の背景にある「経済的原因」への対応が必要であり、二大政党の主流派がこのことをしっかりと理解すればトランプ旋風も収まる、とディオンは主張した。

労働者階級にとって意味を持つ経済指標としてはまず失業率が挙げられるが、二〇〇八年のリーマンショック後、一時十%以上に上昇した失業率は、本稿執筆時（二〇一六年三月九日）では五%以下にまで下がった。ニューヨーク株式市場ダウ平均も一時六千五百ドルを割ったのが、中国経済など不安材料を抱えながらも二〇一五年末は一万七千ドル台まで戻し、米経済は総じて回復基調とされた。日欧経済がもたつく中で、専門家の間では世界経済を牽引するのは米国という見方がもっぱらとなった。

たしかにマクロ経済面ではそうしたことがいえる。だが、つぶさに探ると別の実態が見える。国勢調査局が二〇一五年九月に発表した年次報告書『二〇一四年・合衆国の所得と貧困』によれば、二〇一四年度の実質家計所得中央値は五万三千六百五十七ドルでリーマンショック前の二〇〇七年から六・五%下がっている。また、同年度の貧困率は十四・八%で、〇七年から二・三%上昇している。貧困者は四千七百六十万人を数える。

こうした経済の実態を反映して、アメリカは「正しい方向」(Right Direction) に向かっているか「誤った道」(Wrong Track) を進んでいるかと聞く世論調査では、本稿執筆時点で「誤った道」との回答者が六十四・八%に達し、「正しい方向」は二十八・二%だけだった(米政治ニュースサイト RealClear Politics による各種世論調査の平均値)。

失業率は確かに全体では五%にまで下がっているが、トランプ支持の中核である下層中流階級に多い高卒では六%、さらに高卒未満の場合は九%と極めて高い。修士なら二・八%、博士なら二・一%と、学歴により大きな差がついている(労働政策研究・研修機構『2015労働統計加工指標集』によると日本の学歴別失業率は二〇一四年平均三・六%で、高卒以下が四・一%に対し大卒・大院卒が二・八%)。また、『所得と貧困』によれば、アメリカの所得分配の不平等を示すジニ係数は二〇一四年は〇・四八で、計測を始めた一九九三年から五・九％上がった。格差は開いている（日本は二〇一二年『所得再分配調査』によると、同年度でジニ係数〇・三八）。

こうした指標が指し示しているのは、アメリカの中産階級、特に高卒以下の学歴層を含む下層中産階級はけっして景気回復の恩恵を受けてはおらず、むしろ家計の逼迫を感じており、貧困層に転落するものが増えているという実態である。そして、その実態に強い不満と不安を抱えている（「誤った道」と感じている）ということだ。

超党派の「不安・不信」

ワシントンの公共宗教調査研究所（ＰＲＲＩ）が二〇一五年十一月に発表した年次世論調査報告書『不安・ノスタルジア・不信』は、アメリカ中産階級の抱く懸念の内実をさらに詳細に示している。

アメリカでは民主・共和二大政党の支持者がますます左右に分極化していると言われるが、かなりの共通点もあることが、この調査で分かる。アメリカ人の大多数は支持政党の違いにかかわらず、「経済や政治制度は金持ちと大企業に有利なように仕組まれている」と感じている。金持ちと大企業が及ぼす力のため選挙においても「一般市民の票は問題とならない」と考える市民が六十四％もおり、「そうとは思わない」という三十六％の二倍近い。

調査対象者の八十六％が企業の海外移転による雇用の流出こそが米経済の問題の元凶だと答えている。二〇一二年の調査では七十四％だったから、この三年で大きく伸びた。七十七％（共和党支持者でも六十七％）が、企業は収益を社員にきちんと還元していないと見ている。七十九％（同六十三％）が、米国の経済システムは金持ちを不当に優遇していると答えた。二〇一二年には六十六％だった。連邦の最低賃金を時間あたり十・一〇ドルに上げよという要求は七十六％（同六十％）だ。

民主・共和を問わず極めて高い比率で答えの一致を見たのは、「政府は誰の利益を考えているか」という設問への答えだ。ともに九十％前後の民主党支持者・共和党支持者がそれぞれ「金持ち」「大企業」と答えており、両党での差は四～五ポイントと小さい（「金持ち」〔Wealthy People〕については民主党支持者で九十三％、共和党支持者で八十八％、「大企業」〔Big business corporations〕については民主党支持者で九十％、共和党支持者で八十六％だった）。

共和党支持者（白人が大多数）に特徴的なのは、①政府は少数派や移民の利益を重視している、②ヒスパニック・黒人の利益を重視している、という見方が強い点だ。①では、共和党支持者の場合六十一％で、民主党支持者三十二％のほぼ倍、②でも共和党支持者はヒスパニック／黒人それぞれで七十三％に対し、民主党支持者では四十一％、三十八％と半数を下回る。さらに、共和党支持者は「移民は国の重荷になる」と考える者が六十三％いる（民主党支持者三十二％）。ただ、移民への視点は支持政党を問わず、前年よりずっと厳しくなっている。

「中産階級ラディカル」

「CNN／ORC」世論調査と雇用統計や国勢調査、公共宗教調査研究所の年次報告を概観して、明らかになるのは次のようなことだ。アメリカの中産階級はマクロ経済指標が示す景気や雇用回復の恩恵を受けていない。逆に実質所得は減って生活への圧迫を感じている。特に下層中産階級ほど状況は悪い。そうした状況の中で、共和・民主いずれの政党を支持するかにかかわらず、中産階級市民は「金持ちと大企業が政府と結託して海外に雇用を流出させて雇用を奪い、利益を労働者に還元しない」と感じている。また、一般市民は「自分たちは政治的にも無力だ」と考えている。

共和党支持者（白人が多い）に限ればさらに、政府がヒスパニック・黒人や移民らを優遇しているから、その負担が自分たち中産階級にのしかかってくると、感じている。この共和党支持者らの不満にずばり応じるメッセージを発しているのが、ドナルド・トランプなのである。

ながく米論壇誌『ニューリパブリック』で活躍し、現在は政治専門誌『ナショナル・ジャーナル』に所属するベテラン政治アナリストのジョン・ジュディスは、「トランプ現象」を含めた、最近の政治状況を「アメリカ中産階級ラディカルの復活」（"The Return of the Middle American Radical"）という論文にまとめ、歴史的な透視図の中で解明を試みている（*National Journal*, Oct 2, 2015）。

ジュディスは、過去半世紀ほどの米政治を分析する上で重要な投票集団としてこの「中産階級ラディカル」を指摘する。一九七〇年代には有権者の四分の一を占めたほどの大集団だという。学歴は高卒以下、所得は中から中の下、職業は工場労働者か、あるいは営業・事務職のホワイトカラー。政治意識は既成の右翼・左翼（保守・リベラル）のラベルでは単純に割り切れない。政府は金持ち階級と貧困階級だけを相手にし、「中産階級は無視されている」という強い不信感を持つ。大企業は力を持ち過ぎている、と感じ、政府には福祉政策や年金制度を、さらには物価統制や就労・教育支援までやってほしいと思っている。政府に対し不信感を持つが、必ずしも「小さな政府」論には与せず、むしろ福祉国家を望んでいるようなところがある。

この「中産階級ラディカル」こそが、民主党の人種隔離廃止政策に反対し、一九六八年に党を割って「アメリカ独立党」から大統領選に出馬したジョージ・ウォレス元アラバマ州知事の支持母体となった。また一九九二年・一九九六年大統領選で共和党あるいは無所属（第三党）候補として旋風を巻き起こした保守派論客パット・ブキャナンや富豪ロス・

ペローの強力な支えとなった。そして今、トランプ旋風の原動力となっているのも彼らだ、とジュディスは見る。

さらに遡れば、一九世紀末―二〇世紀初頭に第三党「人民党（People's Party）」の強い支持を受け、繰り返し民主党大統領候補になったウィリアム・ジェニングズ・ブライアン（一八六〇―一九二五）や、一九三〇年代にルイジアナ州で絶大な権力を誇った大衆政治家ヒューイ・ロング（一八九三―一九三五）ら、「ポピュリスト」（語源はアメリカの人民党員）と呼ばれる政治家らがいる。米政治史上に特異な足跡を残した彼らを生みだしたのも、中産階級ラディカルだとジュディスは言う。

支持基盤である中産階級ラディカル同様に、彼らの支持を受けるポピュリスト政治家側も単に右翼左翼では分けられない。政府と結託する大企業や金持ちは「人民の敵」だとして怒りの標的とする一方で、黒人など少数派や移民も下層中産階級から富を収奪する敵だとみて怒りをぶつけるポピュリストも目立つ。

トランプも移民排斥の一方で、年金制度や高齢者向け医療保険制度などを政府がしっかりと維持するよう求め、また道路・空港などインフラ整備への財政出動を惜しまない姿勢だ。「小さな政府」指向の（アメリカ型）保守とは明らかに違う。日本の報道では見逃されている点だ。

ジュディスが論文で明らかにしているように、この「アメリカ中産階級ラディカル」の概念を提示したのは、ドナルド・ウォレンという無名に近い学者の一九七六年の著書『ラディカル・センター』（Donald Warren, *The Radical Center: Middle Americans and the Politics of Alienation*）である。社会主義が根付かなかったアメリカで、どのように不平等解消に向けた民衆の力が結集されていくのか。ポピュリズムや「ラディカル・センター」の概念がきわめて有効に思われる（「ラディカル・センター」という言葉を聞くと「ヴァイタル・センター（Vital Center）」という、意味のあいまいな概念も思い起こされる。アーサー・シュレジンガー・ジュニアが民主主義と全体主義の争いを念頭に使った概念であるが、今日のアメリカ政治においては選挙結果を左右する「中道」の有権者感覚という意味で用いられることが多い）。

ポピュリズムを定義する

ここで、「ポピュリズム」について再考しておく必要があろう。

ジュディスは「アメリカ中産階級ラディカルの復活」の中で「ポピュリズム」という概念を、巨大企業や「金持ちエリート」に反発する人民党以来の「左翼ポピュリズム」に対し、そこにさらに移民への反感などを伴う場合を「右翼ポピュリズム」として分類した。そうしたポピュリズム概念では説明しきれず、「ナショナリズム」の要素が加わったのがドナルド・ウォレンの「ラディカル・センター」の概念だと要約し、こうした諸概念を用いてトランプだけでなく、ロス・ペローやジョージ・ウォレスといった二〇世紀アメリカに現れた大衆（煽動）政治家を分析している。

「ポピュリズム」はあいまいで印象論的に使われることが多いが、一定の定義付けを行えば政治現象を分析する上でそれなりに有効な概念である。この言葉の定義について考察しておきたい。

「ポピュリズム」あるいはその形容詞形としての「ポピュリスト」という単語は、オックスフォード英語辞典（ＯＥＤ）をひもといても明らかなように、一八九〇年代のアメリカで鉄道・金融資本エリートの横暴に対抗した中西部・南部の農民運動「人民党（People's Party）」が語源だ。しかし、その後はむしろ中南米で大衆支持をバックに陸続と出現した独裁型政治（家）を指して使われることが多くなった。今日ではロシアのプーチン大統領ら世界各地のそうした政治（家）をさして使われている。日本では小泉純一郎首相がしばしばポピュリストといわれた。

そうした状況ではあるが、ここでは『改革の時代』（一九五五）という著書で、アメリカの歴史家リチャード・ホーフスタッター（一九一六―七〇）が言葉の発祥の地であるアメリカ合衆国という文脈でポピュリズムをどう定義して使ったかを検証する。アメリカで起きているトランプ現象を考える上ではそれが、（やや古くになされた定義ではあるが）極めて有効であろうと考えるからだ。

人民党ポピュリズムは、アメリカの政治に備わる「風土的ともいうべき大衆的衝動」が一八九〇年代という特定の時期に「高揚し表現された」現象と、ホーフスタッターは見た。したがって、「ポピュリズム」という言葉が生まれる以前にもポピュリズムは当然あったわけで、ホーフスタッターは、それはアンドルー・ジャクソンの時代に始まったと『改革の時代』で記している。

ホーフスタッターは同書で、ポピュリズムをアメリカの政治風土に特有の現象として扱っている。同書執筆当時の一九五〇年代に至ってもアメリカ固有現象として存続しており、①中央に対する地方の反感、②エリートに対する民衆の反抗・懐疑、③外来のものに対する土着主義（ナティビズム）――が特徴であると見た。これがホーフスタッターのアメリカ型ポピュリズムの定義だ。この定義付けは、『改革の時代』において、「ポピュリズム」と「革新主義（Progressivism）」を扱うことを説明する流れの中で行われており、ホーフスタッターは「ポピュリズム」は四番目の特徴として一定の「革新性」を持つことを前提としていたと考えられる。つまり、アメリカ型ポピュリズムは、「革新性」とともに③のナティビズム＝排外主義という「反動性」を併せ持つ現象だと、ホーフスタッターはみなしていたことになる。

以下に概観するようにトランプの主張も移民排撃の「土着性」（ナティビズム）と同時に、財政出動による雇用拡大や福祉政策重視というニューディール型の「革新性」も引きズムは初期段階から反ユダヤ主義的傾向を持っていたことが見過ごされていると注意を喚起しているのも、重要な論点だ。

さらに留意しておきたいのは、ホーフスタッターがまだ「ポピュリズム」という言葉の生まれる以前のアンドルー・ジャクソンの時代にアメリカのポピュリズムが始まったと指摘していることの含意だ。そこには、ジャクソン大統領時代の一八三〇年代に、誕生して間もない民主主義国家アメリカを旅して回り、その観察をまとめたアレクシ・ド・トクヴィルの『アメリカのデモクラシー』の論述が暗黙のうちに反映されている。トクヴィルは地球上にはじめて現れた近代民主主義国家において「平等」の不可逆の前進を確かめるとともに、まだ政府の力が広大な国土に及びきらない時代に人々が自発的に「結社」をつくってさまざまなことを運営していく姿に驚嘆した。同時に、アメリカ民主主義のネガティブな側面も注視している。物質的幸福の追求への反動としての「熱狂的でほとんど野蛮な霊的熱狂（スピリチュアリズム）」、「ありふれた宗教的狂気」などが一例である。ホーフスタッターがポピュリズムを定義する際に、アメリカ政治に備わる「風土的ともいうべき大衆的衝動」を挙げる時、「風土」として前提されているのは、こうしたトクヴィルの論述に沿ったものであると考えていいだろう。

ポピュリズムを生んだアメリカ的政治風土の問題の中で、これまで挙げたホーフスタッターの四項目に付け加えるとすれば、「結社形成の強い意欲」と「宗教的熱狂」の二項目を挙げたい。つまり、アメリカ型ポピュリズムとは、①中央に対する地方の反感、②エリートに対する民衆の反抗・懐疑、③排外的土着主義（ナティビズム）、④一定の革新性、⑤結社拡大の性向、⑥宗教的熱狂――が、「（アメリカの政治伝統において）風土的ともいうべき大衆衝動」のかたちをとって表現される現象と定義できよう。これら六項目は、当然同じ比重が置かれているわけではなく、特に③の「ナティビズム」、④の「革新性」の二項のうち前者が強く表れる場合を「右派ポピュリズム」、後者が強く前面に出て③は弱い場合を「左派ポピュリズム」として、本章を進める。「トランプ現象」は、①の要素として、共和党主流派も含めたワシントン政治への強い反感を示し、②の要素では「ポリティカル・コレクトネス（政治的に正しい表現）」などのエリート文化をまったく意に介さず、「暴言」の限りを尽くして庶民の喝采を浴びている。③による移民排斥はいうまでもない。さらに経済的排外主義の対象に中国だけならまだしも、日本までも挙げている。にもかかわらず、④の革新性として、財政出動による道路などインフラの整備し直しや医療保険・社会保険の重視などで共和党本流「小さな政府」と逆の主張を繰り広げている。ホーフスタッターの定義の全項目が当てはまっていると考えてよい。

なお、アメリカのポピュリズムについては、五十嵐武士（一九四六―二〇一三、政治学者）による包括的定義と詳細なタイプ分類があることに触れないわけにはいかない。五十嵐は中南米諸国のポピュリズムに共通する性格を基にした比較政治学者カート・ウェイランドの定義を下敷きにして、アメリカ政治に適用出来るよう次のような広義のポピュリズム定義を行っている。「ポピュリズムとは、自己顕示的な指導者や集団が、政党の非主流派や地方組織、一般党員の支持を掘り起こし、さらには世論の高い支持を獲得して、権力基盤を組み替えることによって主導権を確立する政治戦略である」（『レヴァイアサン』誌四十二号掲載論文「アメリカ政治のポピュリズム」）。

この五十嵐の定義は、ウェイランドによる中南米ポピュリズムの定義が、①報われない未組織民衆への訴えかけと支持獲得、②指導者個人の権力掌握――を重点としているのに対し、アメリカ民主主義の「制度内における権力基盤組み替え」といった点に着目している。「トランプ現象」も含めアメリカのポピュリズムの特徴を捉えた有効な定義として参照できる。また、政治家を庶民性、反エリート、反連邦（中央）など五要素の比重の違いで「ポピュリスト型」「改革運動型」「デマゴーグ型」など大きく七類型に分け、さらに類型内部の小分類も行っている。ただ、ホーフスタッターが重要な要素として挙げる「ナティビズム」は要素に含まれていない。

ナティビズムの要素は、左派ポピュリズムにも「隠されたアジェンダ」として埋め込まれている。その点については、民主党側の大統領候補として意外な躍進を見せた「社会主義者」バーナード・サンダース上院議員を「トランプ現象」と対置するかたちで考察する中で触れる（五十嵐がナティビズムに注意を払わなかったのは、論文を書いた二〇〇八年当時、保守派でポピュリスト的側面もあった息子ブッシュ大統領でさえ移民政策では寛大で、左右を問わず排外主義が政治の主流に躍り出ることはない状況だったためだろう。排外的側面も強いティーパーティ運動もまだ本格化していなかった）。

以上は、アメリカという「政治風土」でのポピュリズムの定義だが、冷戦終結後の欧州でのナショナリズムやローカリズムの高まりの中でポピュリズムがさかんに論じられる傾向がある。欧州でのポピュリズムとされる多くは外国人排斥あるいは土着性（ナティビズム）を特徴としている。また、欧州に限らず、世界の他の国々でもいくつかの要因を背景に排外主義的なポピュリズムが起きている。これらを総括して「ナショナル・ポピュリズム」として論ずる研究も現れている（河原祐馬ほか編『移民と政治』昭和堂、二〇一一）。そこでは、ナショナル・ポピュリズムを「国民共同体の純潔性を追求するナショナリズムと結合したポピュリズム」と定義している。欧州などで生起している、こうしたポピュリズムと「トランプ現象」には共時性だけでなく、排外主義（土着性）という共通性もあるが、出発当初から移民国家であり「純潔性」は重視されないアメリカの場合、保守勢力の主流でさえ排外主義を否定する傾向がある。アメリカにおいて右派ポピュリズムは、排外主義一辺倒では伸び悩むのがこれまでの例だ。そうした過去の傾向を踏まえて、国際的な「ナショナル・ポピュリズム」台頭という文脈の中での「トランプ現象」の意味を考えることも重要だ。

リフォーモコン

「トランプ現象」で浮き彫りとなったのは、共和党本流のジレンマだ。保守大同団結の上に経済的苦境にあった白人労働者階級を民主党から引き剝がして、「小さな政府」と減税による繁栄追求で保守黄金時代を築いたレーガン大統領以来の伝統は維持困難となり、白人労働者らは政府に救済を求めている。大企業中心の繁栄追求の経済体制は中流階級に恩恵をもたらさない。「トリクルダウン」（上が富めば下に滴り落ちる）という新自由主義的発想は効かなくなった。リーマンショック直後に比べ株価が二・五倍に上昇したにもかかわらず、その間に中産階級の実質所得は減り、貧困層が膨らんでいる状況が、それを如実に示している。レーガン主義の終焉と言ってよい。

この状態を放置すれば、共和党支持の中流階級の怒りは、トランプのような右派ポピュリストが好んで大衆煽動に使う排外主義レトリックによって移民や黒人・中南米系貧困層など下層に向けられる。結果、共和党は、いずれ現在の人種少数派（ヒスパニック、黒人、アジア系……）が全体として白人人口を上回って米国の人口多数派を構成する時代に対応できない政党になってしまう。これがアメリカ共和党のジレンマである。

レーガン政権以来この三十年の米社会の変貌を描く『綻びゆくアメリカ』で全米図書賞

を得たジャーナリスト作家ジョージ・パッカーは『ニューヨーカー』誌二〇一五年十一月九日号に寄せたルポ『共和党階級戦争（The Republican Class War）』で、そうした共和党のジレンマが党内における「階級戦争」として展開する様子を子細に観察している。パッカーの観察は「トランプ現象」がアメリカ政治風土内のサブシステムとしての共和党政治風土にもたらした意味を考察するうえで興味深い。

パッカーが注目するのは、ネオコン系や宗教保守系の保守論客らを中心とする共和党の変革を図ろうとする運動だ。運動メンバーらは今回の選挙でも、マルコ・ルビオ上院議員ら主流派候補への政策アドバイスを行っている。彼らは改革派保守、略して「リフォーモコン（reformocon）」を自称する。中心メンバーはレーガン、ブッシュ父子の三代にわたる共和党政権で内政を主に担当したピーター・ワーナーや、息子ブッシュ大統領のスピーチライターを務めたマイケル・ガーソンらだ。前者は『ニューヨーク・タイムズ』紙で、後者も『ワシントン・ポスト』紙でコラムニストとして論陣を張る。世論にかなりの影響力がある。運動は、二〇一二年大統領選で共和党ロムニー候補が敗北した時に始まった。

リフォーモコンは、一九八〇年代にレーガン保守革命に追い込まれた民主党の改革派が、民主党指導者評議会（ＤＬＣ）を結成し、犯罪対策や福祉政策で保守寄りに路線を変更してクリントン政権を生みだした例に倣おうとしている。今度は共和党が中道化を図って、政権奪取を狙おうというわけだ。ワーナーは、今年の「大統領選でクリントンの共和党版を候補に立てたい」と公言してはばからない。共和党は、いずれ人口の多数派となる人種的少数派も含め、経済困難に直面する下層中産階級の側に立つのだ、と言う。共和党の中道化は息子ブッシュ大統領が二〇〇〇年の初当選時の選挙で訴えた「思いやりのある保守主義（compassionate conservatism）」とも繋がっている。さらにさかのぼれば父ブッシュ大統領もコミュニティ奉仕活動などを重視する穏健路線をとっていた。

リフォーモコンはすでに二〇一四年に、こうした方針に沿った社会福祉・医療保険・教育などの政策提言を盛り込んだ冊子『成長への余地（Room to Grow）』を発表している。これはトランプの右派ポピュリズムが持つ「革新性」の部分と重なる。パッカーは、トランプ支持者の思想傾向は左翼・右翼では割り切れないと指摘する。すでに多くの調査が指摘するように高卒以下の白人が支持者の主体である。トランプは、社会福祉を維持し、雇用を海外に流出させる企業を罰し、ヘッジファンドに重税を課すと誓って、経済苦境にある下層中産階級の白人の喝采を浴びている。改革派保守の政策提言冊子よりも、トランプの騒がしい演説の方が白人労働者階級にはピッタリくる。改革派保守にとっては、お株を奪われたような状況となっている。

トランプの主張は改革派保守など飛び越えて、よりいっそう社会主義的なところもある。だから、当然、保守本流のメディアとも衝突する。財界を代弁し、減税・自由貿易など経済保守本流を行く『ウォールストリート・ジャーナル』とは真っ向からぶつかるし、保守派ケーブルTV局「FOX」とも激突している。既得権益・中央エリートとみなす大手メディアを攻撃するのはポピュリズムの常套手段であり、相手が保守かリベラルかを問わない。

パッカーは『ニューヨーカー』誌に寄せた共和党内「階級闘争」をめぐる長文ルポの締めくくりで、なぜ下層中産階級は改革派保守の呼びかけに応えないのかという問いに対し、労働者らが置かれた厳しい現実の描写で答えている。改革派保守は家族、教会、共同体の立て直しなど、これまでも繰り返し提起された施策を打ち出しているが、いま労働者が企業内で置かれている状況ははるかに厳しい。「面と向かって話し合ってことを進める、などということなどない。すぐにも手当が必要な事態に何の助けも得られない。家族などまったく無視される。この先、給与をもらえるか見通しがない。職もなくなるかもしれない。不安の中で死にものぐるいで肩を寄せ合うだけだ。グローバルな競争が労働者を使い捨てにしている……」。

そんな中で、彼らは共和党支持者ならトランプ、民主党支持者ならサンダース候補の中に「何か望みが見つからないか」と必死になって探しているのだ、とパッカーは言う。

社会主義復活か

ここで「トランプ現象」の反対側に現れたもうひとりのポピュリスト、社会主義者バーナード・サンダース登場の意味を考察してみたい。共和党側同様に、民主党の大統領候補選びもヒラリー・クリントン前国務長官で波乱なく決まるという当初のおおかたの予想を覆すかのように、異端であり泡沫と見られていたサンダース候補が、時にクリントンに支持率で迫る勢いを見せた。左派ポピュリズム現象である。

サンダースは恐慌期に十七歳でポーランドから移住してきたユダヤ移民のペンキのセールスマンを父に、ニューヨークの下町ブルックリンに生まれ育った。一九六〇年代の学生時代から社会主義者として格差是正を追い続け、片田舎バーモント州の地方政治家から、下院議員、上院議員と上り詰め、ついに時代の要請も受けて民主党大統領候補選びで健闘するまでになった。トランプのケースとはさまざまな面で異なるが、アメリカならではの物語だ。ユダヤ移民の子としての半生は、少し時代はずれるが新保守主義者（ネオコン）の初期の知識人アービング・クリストルらの軌跡と似る。初期ネオコンとアメリカ社会党との関連は深い。

筆者はサンダースが下院に初当選した一九九〇年の中間選挙を取材しているが、前年にベルリンの壁が崩れ、米ソ首脳会談で冷戦終結が宣言された後に、社会党下院議員を初当選させるというアメリカに奇異な感じを抱いたことを記憶する。

なお、サンダースは正確には「民主社会主義者」を標榜している。一般的には良く知られていないが、アメリカの社会主義はそれなりの伝統を持つ。そこで民主社会主義と社会民主主義はどうとらえられているかについては、米国における社会主義系のオピニオン誌『イン・ジーズ・タイムズ』が最近の号で論じている。アメリカ民主社会党（ＤＳＡ）の副議長である論文筆者ジョゼフ・シュワルツによれば、民主社会主義者は最終的に「資本主義の廃止」を求めるが、社会民主主義者のほとんどは資本主義を政府規制下に置き、強力な労働者権利保護や高い累進性のある税制などを組み合わせれば十分だと考えている。サンダースは講演などで「政府が街のドラッグストアや生産手段を所有すべきだとは思っていない」と述べているから、すでに民主社会主義は放棄し社民路線に転じたというのが、アメリカ民社党の見解ということになる。だが、いずれにせよ社会主義を標榜する議員なのである（シュワルツの論文 "How Bernie Sanders reviving an American tradition," *In These Times*, Vol. 40 No. 1 参照）。

サンダースは服装も構わず、確かにちょっと変人ではあるが、二〇一〇年、ブッシュ（前大統領導入の）減税延長では八時間半ぶっ通しで反対演説をぶち、若い有権者に感銘を与えた。法案提案数、その委員会通過率ではトップテンに入る。昨年は、共和党マケイン上院議員と協力して帰還兵士医療制度の改革拡大を成し遂げた。日本では社会主義政党は風前の灯火なのに比し、たった一人でも、冷戦後だからこそ輝きだした社会主義者サンダースをアメリカ政界は持つ。民主主義の伝統の奥行きを感じさせる。

サンダースが今大統領選の前哨戦でおおかたの予想を覆す支持を得ている背景をさらに

考えてみたい。著名な世論調査機関である「ピュー調査センター」の二〇一一年の調査では、ミレニアル世代（一九八〇年代から二〇〇〇年代初頭生まれ）に属する三十歳未満の若者の四十九％は「社会主義」を肯定的に見ている。資本主義の四十六％を上回る。一世代前のアメリカでは考えられなかったことである。社会主義について、冷戦時代の画一化された見方でなく、欧州諸国やカナダの社会民主主義を視野に、企業の横暴を抑え、社会保障を拡大するというイメージを持っているからだと、専門家は分析する（Little Change in Public's Response to "Capitalism," "Socialism," Pew Research Center, Dec. 28 2011）。さらに、『ニューヨーク・タイムズ』紙が二〇一五年十一月十二日に公表した民主党大統領選候補に関する世論調査によると、民主党予備選で投票の意向を持つ回答者らの五十六％までもが「社会主義」を「肯定的」に見ており、「否定的」に捉えるという二十九％の倍近くいた。

この世論調査結果について、『イン・ジーズ・タイムズ』に寄稿した前述のアメリカ民社党副議長は、回答者の多くは社会主義は生産手段の国有化だというような見方はしておらず、むしろ資本主義を「格差」「学生の授業料ローン地獄」「好転しない雇用情勢」などと結び付けて見ているためであろうと分析している。二〇一一年の「ピュー」の世論調査では、「ごく少数の金持ちと大企業があまりに大きな権力を握っている」という考えに同意する人が七十七％もおり、うち共和党支持者を見ても五十三％と過半数を占めていたのは、「金持ちと大企業」の結託で庶民が苦しめられているというアメリカ人の現状認識が党派支持・右派左派の違いを超えて共有されていることを示している。これは既述した公共宗教調査研究所の年次報告が示す、支持政党の違いを超えたアメリカ人の「不安・不満」と一緒である。「トランプ現象」という右派ポピュリズムだけなく、「サンダース現象」という左派ポピュリズムも同時に二〇一六年米大統領選の前哨戦を揺さぶっている背景は、そこにある。

アメリカは左傾化?

「トランプ現象」ばかりに注目しているとアメリカは右傾化しているように見えるが、「サンダース現象」とその背景も含めて全体像を見ると、アメリカはむしろ左傾化しているのだ、と論じる論客もいる。典型例は、リベラル派の若手論客ピーター・ベイナートが総合誌『アトランティック』(二〇一五年十二月二十一日号)に寄せた論文「アメリカはなぜ左傾化しつつあるか」だ。ベイナートが左派応援団であることを差し引いても、示唆するところが多い。若者たちが「社会主義」を肯定的にとらえているという調査結果と符合するところもある。いまアメリカで起きている現象を右左で単純に割り切れないことを示している。

ベイナートも指摘しているが、この半世紀のアメリカの社会思想の展開は一般的に次のように「物語化」されている。すなわち、一九六〇年代、ベトナム戦争反対運動などで民主党は左傾化しすぎ、その反動としてニクソンの「もの言わぬ多数派（サイレント・マジョリティ）」動員、レーガン革命による保守政治興隆が起きて、ついに一九九〇年代のクリントン政権による民主党の中道化を招いた。しかし、ブッシュ（息子）政権の対テロ戦争への嫌気と反動で、民主党は再び左へと戻り、初の黒人大統領オバマ政権を生みだした。いま、オバマ政権への反動が「トランプ現象」のようなかたちで再び保守の反撃を引き起こしている――。しかし、「その見方は間違っていることに気付いた」とベイナートは言う。

確かに右派の声が大きく聞こえるが、声ばかりで実は力がない。つぶさに検証すると、「アメリカ全体は右にではなく、依然左へと向かっている」。民主党指導者評議会など民主党中道化路線を引っ張ってきた組織やメディアは次々と消えたり、方向転換したりし、代わってリベラルな団体やメディアが力を伸ばしている。その大きな流れは止まらない。ネットメディアとして力を誇った右派『ドラッジリポート』に代わり、いま力を持っているのは左派『ハフィントン・ポスト』だ。新聞、テレビでもノーベル賞経済学者ポール・クルーグマンを筆頭にリベラル派知識人が際立っている――とベイナートは見る。

確かに政治・社会団体を見ても、民主党中道化を図ってクリントン政権を生み出したDLCは二〇一一年に解散した。代わって二〇〇四年大統領選予備選で敗北しながらも、民主党内に「思想革命」を引き起こしたハワード・ディーン（後に民主党全国委員長）の衣鉢が引き継がれ、リベラル派ブログサイト『デイリーコス』から進歩派団体「MoveOn」への流れが生まれた。さらに、オバマ選挙応援団を核に生まれた「ウォール街を占拠せよ」運動、警察官による一連の黒人被疑者殺害事件とそれを受けた暴動・略奪騒動から生まれた運動「黒人の命は大切だ（Black Lives Matter）」も大きく広がっている。「ウォール街……」の場合、運動は表向き終わったように見えるが、ニューヨークで二十四年ぶりに民主党市長ビル・デブラシオを生み出したり、民主党左派のエリザベス・ウォレン上院議員を誕生させたりしたのは、この運動の流れだ。

運動を支えているのはミレニアル世代だが、彼らは今年の大統領選で投票者の三割を占める。共和党候補がたとえレーガン並みに白人票の過去最高六十％を得たとしても、黒人・中南米系などで三十％以上を取らなければ勝てない。前回選挙でロムニー共和党候補は十七％しか獲得できなかった。だからこそ改革派保守（リフォーモコン）の動きが始まった。これもアメリカ全体が左傾している証左だ、とベイナートは言う。オバマ政権は期待に反して、左派政治を実現しそこねている面もあるが、レーガンがアメリカ全体の思想傾向を右に動かしたように、オバマも「劇的に」アメリカを左へ動かした。この左シフトは果たしてどのように終わるのか、見通すことはできない。だが「当面は持続するだろう」というのが、この若手論客の見立てである。

すでに指摘したように一見過激な右派に見えるトランプの主張だが、つぶさに見ると、アメリカ型ポピュリズムの条件要素で挙げたように「革新性」が織り込まれており、ケインジアン的な財政出動によるインフラ整備や福祉政策維持など左派政策がちりばめられている。土着性排外主義（ナティビズム）の要素を捨象してこれを見れば、一種の左シフトが起きているという見方も可能であろう。

左右ポピュリズムの差異を論じる際に言及したように、土着性排外主義がないことを特徴にしているように見える左派ポピュリズムにも「記号化」されたかたちでそれが隠されて織り込まれている。経済・貿易保護主義がその典型だ。主として下層白人中産階級の労働者らの支持獲得を狙って、外国製品・企業を激しく叩き、時に製品をハンマーで打ち壊して見せたりする政治家が、民主党左派で労働組合の強力な支持者だったりする。これは移民排斥とは違ったかたちで記号化された土着性排外主義と考えることができる。

中年白人の自殺率上昇

ドナルド・トランプも含めて、いまや民主党も共和党も、左派も右派も、下層中産階級の救いを求める声に応えなければならない、さもなくば、選挙に敗北する、と考えている。その背景を示すような統計が、二〇一五年十一月二日、『ニューヨーク・タイムズ』紙の健康医療欄で報じられている。アメリカの白人中年層（四十五−五十四歳）の死亡率が過去十五年の間に、他のどんな年齢集団・人種集団にも見られない上昇率を示しているという調査結果だ。二〇一五年のノーベル経済学賞受賞者であるプリンストン大学のアンガス・ディートンとその妻の二人の学者によって発表された。他の主要先進国には見られない現象だという。死亡率上昇の主な原因に自殺、麻薬、飲酒が挙げられた。

なぜ白人中年層なのか。黒人や中南米系など人種的少数派ではむしろ死亡率は下がっている。経済的困窮が原因なら、彼らの死亡率はかなり上がるはずだ。

ある保守派のコラムニストは、白人中年層が感じている深い目的喪失感が背景だとみる。人種的少数派は、まだそれなりの共同体や家族を維持し、アメリカという「大きな物語」の中で生きている。だから苦難にも耐えている。白人労働者たちは生きていくことの「意味と目的」を失っている、とこのコラムニストは分析した。リベラルの言うように失業問題解消、福祉も必要だろう。しかし、それだけではダメだ。自分たちの存在は大切だ、意味がある（they matter）という感覚を取り戻すことが必要だと訴えている（Ross Douthat "The Dying of the Whites," *NYT*, Nov. 8, 2015）。

「社会のエリート（政治家や企業幹部）が自分たちをないがしろにしている（elite neglect）」という感覚をこのコラムニストが問題にしている点に着目したい。改革派保守の重要な論点である。この「ないがしろにされている感覚」こそが、トランプだけでなくサンダースも、白人労働者階級の支持を集めている背景になっている。それが、これまで引用してきた各種世論調査や公共宗教調査研究所の報告書などが指し示すところである。

白人中年層の死亡率上昇が、自殺や緩慢な自殺と言える薬物・アルコール中毒を原因としていることは、アメリカ人は根底に楽天性があるから自殺をしない国民だという「神話」を突き崩したようなところがある。そのために驚きをもって迎えられた。アメリカ国民に何か根源的な変化が起きているのではないか、という印象を与えている。

著名な国際問題ジャーナリスト、ファリード・ザカリアも「アメリカでいま巨大なパワーシフトが起きている」ことと関連するのでないかという推測を立てている。ザカリアが挙げているパワーシフトとは、アメリカの人種構成の変化であり、アメリカ国家をつくりあげてきた白人労働者が主役の座を降りつつあることと関連しないか、という推測だ(Fareed Zakaria, "America's self-destructive whites," *WP*, Dec. 31, 2015)。

一九六五年改正移民・帰化法後のアメリカ

「トランプ現象」は移民排斥という点で、世論に大きな衝撃を与えた。なぜか。

アメリカは移民の国である。しかし、反移民・移民排斥の歴史にも彩られてきた。一九世紀前半からの反カトリック＝カトリック移民排斥は、南北戦争後の黒人排撃組織クー・クラックス・クラン(ＫＫＫ)以前ではもっとも激しい差別主義であり、ノーナッシング(Know Nothing)と呼ばれた組織を生んだ。その後もアイルランド、イタリア、ユダヤなど新しい移民集団が来るたびに排斥の対象とされた。一九世紀後半から二〇世紀初頭にかけての各種移民・帰化法制による日系人排斥も含めた移民制限や、第二次大戦中の日系移民収容など、新移民をめぐるネガティブなエピソードには事欠かない。だからこそ、一九世紀末から二〇世紀前半にかけての革新主義とポピュリズムを描いたホーフスタッターは、ポピュリズムの重要要素の一つとして「土着性（ナティビズム）」を挙げたのである。

しかし、二〇世紀後半に入って情勢はまったく変わった。第二次大戦期の数多くの亡命者受け入れから、戦後長く他を寄せ付けないナンバーワンの圧倒的経済力で世界中の野心ある人々を引き付けた時期を経て、米国の移民政策は一九世紀以来の差別色をきっぱりと捨て、法律上もまったく別のものとなった。一九六五年の改正移民・帰化法で、一九世紀以来続き、日系移民排除などにつながった国別割当制がなくなり、出身国や人種などで差別を受けることはなくなった。以来アメリカは、今日「物語化」されているように「自由と機会」を求めて世界中から移民がやってくる国となった。もちろん、時に移民をめぐって排斥の世論がわき起こることもある。しかし、主流とはならない。レーガン政権から息子ブッシュ政権にいたるまで共和党保守政権でも、主流派は常に寛容な移民受け入れを政策としてきた。移民排斥はローカルに起きることがあっても、保守派の中でさえ主流にはならない。そこが、移民排斥の極右政党が全国レベルで躍進したりする欧州各国とアメリカを大きく分けてきた違いだ。

だからこそ、特殊な事情を持つ対象とは言え、メキシコからの不法移民とイスラム系移民・難民に対し、あからさまな排斥を主張して、全国レベルでは他候補を寄せ付けないトランプというポピュリスト政治家が出現したのは異様なことであり、それに人々が驚き戸惑っているというのが「トランプ現象」のもう一つの側面である。

一九九二、九六年と米大統領選共和党予備選に出馬した政治評論家パトリック・ブキャナンはアメリカの欧州系白人の文化を守るためと称して、中南米系移民の大量流入を批判し、ホーフスタッターの指摘する土着性のポピュリズムを体現したが、トランプほどのあからさまな表現は用いず、また集票力はトランプに及ばなかった。一九六〇年代のアメリカ独立党のジョージ・ウォレスも黒人差別・排外主義だったが、その影響力は南部に限定された。戦前の典型的土着性ポピュリズムの代表例ヒューイ・ロングも影響は地域的だった。アメリカの排外主義が長い期間を経て静まった後にトランプが現れて全国的に支持されているのは異例な現象といえる。そこには、これまで論じてきたような中産階級の経済的苦境が大きく反映している。

アメリカの欧州化

そうしたアメリカの状況に驚きと懸念を示している例として、『ニューヨーク・タイムズ』紙の古参コラムニスト、ロジャー・コーエンのコラム「ワイマール・アメリカ」に触れておきたい。アフガン・イラクでの戦争に疲弊し、庶民の所得は低迷、政治に絶望し、排外主義が覆い、強力な指導者を待望する今のアメリカは、ヒトラー登場前夜のワイマール共和国に似ていないかと、コーエンは警鐘を鳴らしている。フランスの国民戦線を率いるルペン党首とも似通うトランプや、欧州の社会民主主義に似た主張のサンダースが前面に出ている今日のアメリカ政治は、「欧州化」しているというのがコーエンの見立てだ。即ち、欧州の持つ「危険性」がアメリカにもあり、ヒトラーのような破壊的政治家を生みださないとも限らないとコーエンは論じた（Richard Cohen "Trump's Weimar America," *NYT*, Dec. 15, 2015）。

コーエンもそうだが、アメリカのユダヤ系知識人らはトランプの排外主義・人種差別に強い危機感を持っている。これも彼らの間では保守・リベラルを超えている。ユダヤ系知識人の多いネオコン知識人グループも保守の一角から反トランプの論陣を張っている。ネオコン系代表誌である論壇誌『コメンタリー』は反トランプの立場を明確にしている。同誌はアメリカ・ユダヤ人委員会（American Jewish Committee）が発行し、著名な著述家を多く輩出してきた（トランプ批判記事の一例としては次を参照。Peter Wehner, "The GOP is killing itself," *Commentary* Sept. 20, 2015）。そうした動きが、共和党大統領候補争いでトップを走るトランプの大統領選本選での動きにどんな影響を与えていくか、注視したい。

トランプの移民排斥が欧州の風土では常態のようにみなされても、一九六五年以降の移民政策で変貌したアメリカにおいて、いかに異様なことであるかは、二〇一五年十一月三十日付『ニューヨーク・タイムズ』紙が載せたアラブ系メディア『アルジャジーラＴＶ』のニュース番組司会者によるコラム「どうしてブッシュが懐かしいか」を読んでみてもよく分かる。この十五年でアメリカの排外主義傾向は歴史を遡るかのように急激に高まったといえるのかもしれない。

三千人近くが死亡した二〇〇一年の９・11テロから一週間後、当時のブッシュ大統領はワシントンのイスラム教センターに出向き、イスラム指導者らと並んで記者会見に臨み、「テロはイスラムの真の信仰とは無縁だ。イスラムとは平和の意だ。われわれは悪と戦う。イスラムと戦うのではない」と断言した。政界最右翼のようにみなされた当時のブッシュ大統領にしてそうであったのに、いま、共和党大統領候補を狙う政治家の口から出るのは反イスラムの憎しみと恐怖を煽る言葉ばかりだ、とこのコラム筆者は嘆いた。

ラディカル・ポリティクス

二〇世紀アメリカ政治の代表的リベラルとされたＦ・Ｄ・ルーズベルトによる第二次大戦での日系市民収容に対し謝罪と補償を実行したのは、二〇世紀でもっとも保守的な大統領とされたレーガンであり、アフガン・イラク戦争でキューバ・グァンタナモ基地やイラク・アブグレイブ刑務所での捕虜の待遇で問題を起こしながらもイスラム系市民との和解を説いていたのも右派とみなされていた息子ブッシュ大統領だった。政治的計算があったにせよ、そうした行動や言辞が国民の期待や理想に応えているとレーガンやブッシュが考えていたのは明らかだ。そこに二〇世紀から二一世紀初頭までのアメリカ人が「排外主義」排除の方向へ向かっていった社会思想のベクトルがうかがえる。

彼らの政治的言辞（レトリック）や行動と比べた場合、トランプの土着性・排外主義（ナティビズム）の言辞は対極的な位置にある。しかも、それが多くの市民の喝采を浴びている。アメリカの社会思想は大きく屈折してしまった可能性がある。

ナティビズムの興隆は経済情勢と密接に関連しているのは明らかだ。一九世紀末のアメリカの人民党ポピュリズムは当時の恐慌期と連動している。人民党は左派ポピュリズムだったから排外主義は目立たなかったが、それでもホーフスタッターが指摘するようにポピュリズムの中には当初から反ユダヤ主義の要素がうかがえた。一九三〇年代に登場したポピュリスト政治家のヒューイ・ロングは、ルイジアナ州という土壌の中で貧しい農民らの怒りを州の政界エリートらに向けさせた。これは一種の排他主義（ナティビズム）であり、向かう先は移民や外国ではなかったが、ひとつの集団（政界エリート）を「敵」と定めて徹底的に排除しようとした。ロングのファシズムと見紛うような独裁的州支配が出現したのは三〇年代の大恐慌時代であり、それ以前に始まった彼の政界登場も南北戦争後ずっと続いていた南部の貧困を背景としていた。

一九九二年大統領選でロス・ペローやパット・ブキャナンというポピュリストが登場し、前者は貿易保護主義的主張、後者はそれに加えてトランプに連なるような移民排斥の主張を繰り広げて、政界に一定のインパクトを与えたのも、背景には当時の米経済の不調と「アメリカ衰退論」があった。

現在のナティビズムの興隆は、二〇〇八年のリーマンショックによる米経済の不調を背景に起きているのは疑う余地はない。不況によって貧困に追い込まれた人々や、そこへの転落の不安を抱く人々は、自分たちの職を新移民が奪うというロジックに安易に同意する。あるいは、経済のグローバル化が進んだ状況では海外でつくられる安価な産品のため、あるいは低賃金労働を求めて工場が海外移転するため、職が奪われるという論理にも乗せられやすい。どこまで真実なのかが検証される以前に、政治・社会的に煽動される。移民政策や市場開放を積極的に進める政治・経済エリート、あるいは知識人にも矛先は向けられる（先に引用した二〇一五年秋に公表された報告書『不安・ノスタルジア・不信』が裏付けるのは事実というより、人々のパーセプションである）。これらの煽動や、怒りの矛先の誘導を行うのが、ポピュリストだ。

つまり、近現代的文脈でナティビズムの源泉は経済的苦境であり、それは資本主義経済では循環的に発生する。それが、アメリカ史の中に登場する排外（反エリート）主義的ポピュリズムの波の繰り返しからうかがえる。

ただ、現在起きていることを見ると、欧州各地でアメリカに先行して噴出しているナショナリズムないしはローカリズムに基づくポピュリズムに反響しているような面もうかがえる。日本の排外主義運動（在特会に典型的に見られる）のこれらとの共時性も考えると、少なくとも先進各国全体を覆う排外主義のムードがあるのは否定できない（欧州やトランプ現象に覆われたアメリカに比べると、日本での現象はまだ軽度と言えるかもしれない）。

こうして「共時的」に排外的ムードが起きている経済的背景については、いわゆる「世界同時不況」というような、これまでの循環型の経済サイクルで考えるよりは、もっと大きな経済構造の変化に目を向ける必要がありそうだ。

欧米と日本で二〇世紀初頭から一九二〇年代にかけて大きく開いていた所得の格差は、アメリカのニューディールに典型的に見られた大規模な所得再分配政策などで一九六〇―七〇年代ごろまでにかなり縮まったが、その後再び拡大に転じて今日に至っている。その構造的背景として、二〇世紀前半の日米欧では農村人口を都市工業がどんどん吸収して、所得平均化が起きるとともに政策的な所得再分配も進んだのに対し、世紀後半には日米欧は「脱工業化」の道を進み、近年では七～八割が第三次産業（サービス産業）で働く状況となっていることが挙げられる。

米ミシガン大学教授のロナルド・イングルハートによると、そのサービス産業就業者は、情報・金融などで知識集約部門で働き高給を食むごく少数と、そのごく少数にレストランなどでサービスを提供する、職の安定も不確かな多数に分離している。格差はそこに生じているのだ。こうした「脱工業化」の格差社会の現実は、低賃金労働を求めて製造業が途上国に移転していく先進国の不可避の宿命だ。

格差が拡大していく脱工業化社会では、二つの政治現象が起きる、とイングルハートは指摘している。ひとつは、金持ち階級が中産階級以下を無視して、自らの特権を利用してさらに富の集中を促す方向に政策を歪めていく傾向。もうひとつは、格差を覆い隠すための社会的争点（たとえば同性婚問題）の利用だ（"Inequality and Modernization," *Foreign Affairs* Jan / Feb, 2016）。

さらに欧州を見ると、いま起きている事象は、中東各地で起きた「アラブの春」挫折以降の政治的混迷とも連関しているのは、移民・難民問題を見ても明らかだ。その「アラブの春」は、ちょうどアメリカの白人労働者階級が自死を選ばなければならないのと同様に、やはり体制の中でもはや「出口なし」の閉塞状況に追い込まれたアラブの若者の焼身自殺から始まった。二〇一〇年十二月、チュニジア中部シディブジドで果物を露天販売していた大卒青年が警察の嫌がらせに抗議して焼身自殺し、アラブ各国での民主化要求運動のきっかけとなった。背景には途上国の多くで見られるユース・バルジ（youth bulge）と呼ばれる青年層の人口過多に伴う高い失業率、硬直した経済構造で固定化した貧富の差などが指摘された。高失業率と格差の固定化の背景にあったのは政治の貧困ないし劣化である。

「トランプ現象」はアメリカ政治独特のポピュリズム伝統の文脈でも解釈できるが、いま世界中で起きている現象とつなげて考える必要がある。世界中が経済だけでなく、政治においても、メディアにおいて、密接につながりながら、そのつながりの中でネガティブな屈折が起きている。アメリカの「トランプ現象」は、中国の台頭と成長鈍化、日本の安倍政権の安保政策までも含め、国際的な連関の中で考察していかないと分からない面がありそうだ。

本章で取り上げた老練な政治アナリスト、ジョン・ジュディスが『ラディカル・センター』という、忘れられていたような本を参照して、現代アメリカの左翼・右翼のステロタイプを越えて「トランプ現象」の意味を探し出そうとしたのも、常識的なアメリカ政治（思想）論では読み解きれない世界的な文脈を、背後に見たからだろう。一方、世界中で連鎖反応のように、閉塞状況→ナショナリズム→排外主義……などが起きている状況全体を山内昌之と佐藤優が「ラディカル・ポリティクス」のタイトルで括って、『中央公論』誌上で論議を重ねたのは興味深い（同誌二〇一五年八月号以降四回）。「大きな物語」を見いだせない世界の「民族主義噴出」（佐藤）などの指摘がある。

アメリカだけでなく世界的な変調を考える時に、「ラディカル」という言葉は示唆に富む。トランプもサンダースも左右に分かれてはいるが、思想のラディカル化（radicalization）に共通項がある。欧州各国で生起している「ナショナル・ポピュリズム」、あるいはロシアのプーチン政治やウクライナの政治状況、中国の習近平政権、中東の「アラブの春」から「イスラム国」にまで至る経緯、さらにはスコットランド独立運動など世界各地で起きるローカリズム……これらすべての「ラディカル」な性質をつなぐ文脈は何なのか。一八四八年に欧州全域を覆った革命現象や一九六八年前後に先進国の多くで起きた若者革命現象など、共時的な広域での政治と思想のラディカル化の例はある。

世界的に起きているラディカルな事象の中での「トランプ現象」の解明は、アメリカ国家の現在のグローバルな位置づけを見直す上で重要である。

エピローグ　戦後アメリカ思想史を貫いた漱石『こころ』

「アメリカの思想史をかじっています」というと「アメリカに思想なんかあるのですか」という顔をされる。半ばディレッタントとしてやっているので、あまり気にしないことにしている。

しかし、戦後アメリカ思想はじつに面白い。最近ではネオコン問題など、世界の耳目を集めた思想的事件もあった。超大国の思想界がどう動いているかは、われわれの生き方を左右する場合もあるのだから、面白いというより深刻なところもある。

ネオコンのバイブルといわれた『歴史の終わり』の著者フランシス・フクヤマは、多くの著作を持ち米欧論壇で活躍する日系三世だが、彼の母方の祖父は河上肇や徳富蘇峰につながる人であったことは、第十一章で触れた通りである。『オリエンタリズム』のエドワード・サイードにしても、別にアラブ世界で著作活動をしたわけでない。パレスチナ系だがアメリカで学んだアメリカの文芸批評家であり、オリエンタリズムをめぐる論争も、まず初めはアメリカ思想界のドラマであったことは忘れられがちだ。つまり移民や亡命者が多く集まるアメリカは、少なくとも二〇世紀後半には世界の思想ドラマの渦の中心のようになった。グローバルな思想界がアメリカを軸に形成されているという見方も可能だろう。

そうしたグローバル思想界形成のとばくちで、夏目漱石の名著『こころ』をめぐって、極めて興味深いドラマが起きていた。ちょうど半世紀前、近代日本人の魂の書のような、あの『こころ』が、グローバル化していく戦後アメリカの思想史の核心を貫いていたのである。その思想史上のエピソードを紹介したい。

このドラマに登場するのは、ノーベル経済学賞受賞者のフリードリヒ・A・ハイエク、戦後アメリカの保守思想を確立したといわれるラッセル・カーク、日本文学研究家でイェール大学名誉教授のエドウィン・マクレラン、そして日本の文芸評論家、江藤淳である。今日、英語世界で読まれている英訳の『こころ』（"Kokoro"）はマクレランの手になるが、英語の文学作品としても一級といわれる。政治経済も含め日本学を修める学生の最初の課題図書のひとつになっている。読んだ学生が「日本語の原文もこれほど美しいのか」とよく尋ねてくると、友人で日本浪漫派研究の第一人者、ケビン・ドウク・ジョージタウン大学教授から聞いたことがある。

その英訳誕生には、単なる文学書の翻訳を超えたドラマがあった。筆者自身が知遇を得たカークとマクレランに聞いた話を中心に、これらの知の巨人たちが断片的に書き綴っていたことなどで補ったのが以下である。

カーク本人から聞いていたマクレランの名

のちに菊池寛賞を受けるマクレラン教授のことを知ったのは、一九九一年のことだ。それも日本文学とは縁のない、実に遠回りな道を通ってだった。

プロローグに記したように、人口四百人のミシガン州メコスタ村にラッセル・カークを訪ねていったのは、九一年の夏だった。村の中心部にある、円形ドーム状の塔を持つイタリア風のカークのお屋敷に泊まり込んでの対話で、このアメリカ保守主義の泰斗がその春の湾岸戦争を「ばかげた戦争」だと批判していたことを知った。当時すでに力を増していたネオコン知識人らについては、「保守主義とは無縁の徒」だと見ていたのも、実に興味深かった。

ある夕べ、そのカークに日本のことを切り出してみた。彼の数多くの著作の一冊に簡潔に綴られていた日本の保守主義の分析が面白かったので、その背景を尋ねてみたかったからだ。

「日本は次々と欧米風の仮面をつけていく。真剣なのかもしれないが、それらは次々と脱ぎ捨てられてもいく。仮面の裏には古い日本の特質が生きている。今日の欧米風の物質主義と技術主義は永遠には続かない」

短い叙述ながら、日本の本質に迫っている。丸山眞男が「基底は根本的変化を蒙らないが、上層はつねに先進的な文化と接し（諸制度が）これに適応して変化する。持続性と変化の二重構造」と言ったのとも、どこか通じる。

この理解はどこからきたのか尋ねてみた。日本に行ったことは一度もなく、書物の知識だけだという。もちろん日本語は解さない。ただ、好きな作家の一人はラフカディオ・ハーンだという。「それから、古くからの友人がイェール大学で日本文学を教えている。エドウィン・マクレランという名で、『こころ』という本を翻訳している」。

その時はむしろ彼のハーンへの興味が面白いと感じた。アメリカではほとんど忘れられた作家だったたからだ。カークは、多くの政治思想の著書を持つ一方で、四人いる娘たちが幼かったころ、彼女たちを楽しませようとゴースト・ストーリーを書き始めた。いつの間にかその道でもプロはだしの作家になっていた。

カークはフランス革命批判で知られるエドマンド・バークを戦後アメリカに体系的に持ち込んだ思想家だ。死者と生者、これから生まれくる者たちの共同体というバーク思想の社会観と、ハーンを愛するカークの「幽霊」への愛着をつなぐ何かがありそうに思えた。

その時は彼の政治思想に分け入ろうと訪ねていったので、ハーンやマクレランのことには驚きを感じたが、小さな挿話に過ぎないと思っていた。

日本とスコットランドの狭間で

翌九二年正月、カークは筆者の論文送付に礼を述べる手紙で、日本の保守精神のいくぶんかを理解したのは、ハーンと「漱石の『こころ』を翻訳した友人エドウィン・マクレランのおかげだった」とあらためて伝えてきた。「彼は北アイルランド人と日本人の混血で、今でも英国臣民籍のままだ。グルカの貴族のような風貌だ。いつか会ってみるといい」とも記してあった。

その二年後の一九九四年四月、カークは七十五歳で逝った。当時ヨーロッパ駐在だった筆者は葬儀には出られなかったが、ほどなくしてカークが死を予感しながら書き綴っていた自叙伝『想像力の剣』が出版されたので、買い求めて読んでみた。本の叙述から、若き日のカークとマクレランは想像以上に深い友情を結んでいたことを知った。

戦前に南部の名門デューク大で歴史学修士号を得たカークは、兵役を終えた第二次大戦後にミシガン州立大で助教授の職を得た。四八年九月にはスコットランド最古のセント・アンドルーズ大学に留学し、のちにアメリカ論壇を揺るがす名著『保守主義の精神』に発展していく論文の執筆に取りかかる。そこで出会ったのが七歳年下のマクレランだった。「たった一人の東洋風の風貌……百戦錬磨の兵隊上がりの学生らを相手に、果てしないポーカー・ゲームでやり込めては、自己の生活費の足しにしていた。ほかにほとんど何もしていないようにみえたのが、のちにシカゴ大学を経て、アンドルーズの卒業生で最もすぐれた学者の一人となる。シカゴ大ではフリードリヒ・A・ハイエクの助手を務めた」（『想像力の剣』）

そのマクレランは一九二五年十月二十四日、英国人の父アンドルー・マクレランと横浜出身の日本人の母テルとの間に神戸で生まれた。父は北アイルランド出身（スコットランド人）で英大手石鹼会社リーバ・ブラザーズ（現ユニリーバ）に勤めていた。テルはマクレランが幼いころに亡くなる。神戸・山手のイギリス系の学校に通い、英語で勉学をする一方で、家に戻れば近所の日本人と日本語で遊んだ。「どちらも自然に、外国語と思わず使っていた」（マクレラン談）。

十六歳の時に太平洋戦争が始まり日英は開戦、翌年にマクレランは父とともに交換船で英国へ戻ることになる。帰国後は十六歳という年齢にもかかわらず、戦時の要請でロンドン大学東洋アフリカ語学部で日本語教育を補佐した。四四年、マクレランは十八歳になると志願して英空軍に入った。英空軍はこの日本語に達者な若者を希望通りのパイロットにはせず、ワシントンに情報連絡将校として送り込み、日本語文書の分析に当たらせた。

この頃、ワシントンの英大使館に対米外交工作に駆り出されていた若き日の思想家アイザイア・バーリンもいた。マクレランは戦後も含め米国に情報将校として三年滞在した後、ロンドンに戻り、四八年九月セント・アンドルーズ大に入って、スコットランド宗教改革を研究した。そうして、のちの『こころ』の翻訳者と『保守主義の精神』の著者は、スコットランドの小さな大学町で出会い、思想的にも共鳴しあった。

故カークのアネット夫人は「ふたりでいつも冒険行をしていたそうよ」という。若き日のカークとマクレランの交友の姿は、『想像力の剣』の中に活写されている。思想史の理解には、思想を生む風土と人々の生活にじかに触れる必要があると考え、カークは英国から欧州大陸へとステッキを持って歩き回った。その旅にはマクレランがしばしば同行した。スコットランドのヘブリディーズ諸島では一月以上いっしょに歩き回った。

やがてカークは、『保守主義の精神』として出版される博士論文を書き上げ、教授らの高い評価を得て、セント・アンドルーズでは博士号（PhD）より一段上の文学博士号（D.Litt）を米国人としては初めて授けられた。五二年九月、留学を終えたカークは米国に留学し大学院に進みたいというマクレランを伴ってアメリカへ戻った。

マクレラン、ハイエクのもとへ

カークはミシガン州立大学に戻り、マクレランも歴史学科で助手を務めながら大学院に通う。翌五三年四月、カークの『保守主義の精神』が、マックス・ピカート（『沈黙の世界』など）らの著書を精力的に出していた新興のヘンリー・レグナリー出版社から刊行され、論壇で大きな反響を呼んだ。リベラル派の『ニューヨーク・タイムズ』が「歴史を画す出来事だ」というケニオン大学学長による大きな書評を掲載。主要紙や書評誌が次々と取り上げ、二ヵ月後には週刊誌『タイム』が書評欄すべてをこの本一冊の紹介に充てる

「文化的事件」となった。

カークは論壇の寵児となったが、大学ではスポーツ選手特別枠入学などの大衆化に抵抗して学長と対立し、筆一本で立つ決意を固めて父祖の地である小村メコスタに去る。ミシガン州立大でアメリカ史や文化を研究していたマクレランも翌五四年に、カークの紹介を受け、自らも手紙を書いて、当時ハイエク教授が教え始めていた名門シカゴ大学に移った。

マクレランがカークによって送り込まれたシカゴ大学のハイエク教授は、『隷従への道』(一九四四)が当時、出版された英国に勝る大きな反響をアメリカで呼んでいた。ハイエクは一九三一年からロンドン大学で教えていたが、五〇年に大西洋を渡りシカゴ大に移る。同大では後述する「社会思想委員会」に属し、経済学教授でなく社会・道徳科学教授として教壇に立った。やがて、自らがノーベル経済学賞を受けると同時に、やはりノーベル賞経済学者となるM・フリードマンらに大きな影響を与え、二〇世紀思想史に大きな足跡を残す。

単に経済学にとどまらず『自由の条件』や『法と立法と自由』という著作にみられるように、その思索は人間社会の自由、秩序、法といった根源的な問題全般に及んだ。ハイエクが生涯戦い続けたのは、ナチズムや共産主義のかたちをとって現れた全体主義であった。

マクレランはそのハイエクの指導で、『自由論』のJ・S・ミルや『アメリカのデモクラシー』のアレクシ・ド・トクヴィルを研究。また、ギリシャ古典文学研究で米国の最高峰とみなされるようになるデイビッド・グリーン教授の下で、ジェームズ・ジョイスの『ユリシーズ』を読む。ユニークで自由な知的活動だった。

そうして、マクレランは五七年の十二月に、博士論文をまとめた。テーマは『漱石、ある日本の小説家――序説』。日本文学研究というよりは、漱石の作品を通しての社会思想研究といった面がうかがえる。

マクレラン自身が語る論文作成の経緯はこうだ。

ハイエクやグリーンといった当代一流の思想家や学者について、ミルやトクヴィル、ジョイスなどを学ぶうち、博士論文のテーマを決める時期になった。何を書くべきか考えてみると、結局、自分がもっとも愛していた夏目漱石の作品を通して人間存在の問題に迫ってみたくなった。しかし、当時漱石は欧米世界ではまったくといっていいくらい知られていなかった。代表作のまともな英訳もなかった。そこでもっとも好きな『こころ』を自らの手で英訳し、ぜひ二人の師に読ませたくなった。どんな思想家について論文を書くか説明するのに一番手っ取り早いと思ったからだ。できあがった英訳を渡したハイエク教授は約一週間後、私を見るなり「激しく感動した」と興奮を隠せない様子だった。古典ギリシャ文学の泰斗グリーンにも読んで貰ったが、反応は同じだった。二人とも強い感銘を受けていた――。

ハイエク、グリーンはそろって、マクレランに漱石をテーマに博士論文を書くように勧めた。大きな感銘を受けた未知の社会の未知の作家に強い関心を抱いたのは明らかだった。

ハイエクが教授として、マクレランが学生として、当時属していたシカゴ大学の社会思想委員会。この変わった名称の大学院学部について説明が必要だろう。ユニークな学部の歴史的意義を知ることで、漱石が欧米思想史のどこに入り込んでいったかが分かるからだ。

シカゴ大は世界の約四百人のノーベル各賞受賞者のうち八十人以上が教員・学生としてなんらかのつながりを持ったといわれ、世界最高レベルの知の殿堂に数えられる。

その殿堂の中で学部の壁を越え、人間社会の基本的問題へ取り組むための超エリート教育を施そうと一九四〇年代に創設されたのが、社会思想委員会だ。学生（というより研究者と呼ぶのがより相応しい）の数は二十数人、そこに世界最高峰の学者約十人。ハイエクが教授として加わった五〇年代に、この実験的な学部は最盛期に入り始めた。

ハイエクが主宰した毎週水曜のセミナーでは、原爆製造マンハッタン計画にかかわったイタリア人物理学者エンリコ・フェルミ（一九三八年にノーベル物理学賞受賞）、ハンガリー人物理学者レオ・シラード、アイルランド人で教職の傍ら農業に従事していた異色のギリシャ古典学者グリーン、『孤独な群衆』の社会学者デイビッド・リースマンらが加わり、マクレランら学生・研究者と哲学、宗教、歴史のみならず「知」全般について自由な討論を行った。

ハイエクは学生・研究者らに対し、教授というよりも同じ「知の探求者」として接したという。ハイエク自身、経済理論だけでなく広く人間社会全般の問題に研究領域を広げていこうとしていた時期であり「社会思想委員会でのポストは理想的な機会を与えてくれた」と回想している。社会思想委員会で教えたり研究したりしたものにはさらに、政治思想家ハンナ・アレント、ノーベル文学賞作家ソール・ベロー、『アメリカン・マインドの終焉』のアラン・ブルームらがいる。

『こころ』の翻訳は、こうした「知のるつぼ」の中に放り込まれ、その中心にいたハイエク、グリーンという巨人に深い感銘を与えたのだ。ハイエクとグリーンが、『こころ』のどこに、なぜ感動したのか。マクレランは、具体的なやりとりは「よく思い出せない」という。ただ、若いときから漱石に親しんできた自分以上に感動したようすだった、と回想する。

ハイエクの私生活

ハイエクの感動の背景には、当時の彼の私生活もあったのかも知れない。

オーストリア出身ながら一九三〇年代にロンドンに移り住み、ロンドン大学を舞台にケインズとの大論争などを繰り広げ、すっかり英国になじんでいたハイエクが、アメリカに移住したのにはわけがあった。若き日に結ばれたヘラ夫人との離婚と、初恋の女性でいとこのヘレーネとの再婚だ。

第二次大戦後、ウィーンに残していた親族の消息をたずねて四六年に帰国したハイエクは、三九年の第二次大戦勃発以来、七年間音信が途絶えていたヘレーネと再び出会う。子どものころから仲のよかった二人は長じて恋仲となったが、ふとした行き違いからヘレーネは他の男と結婚、ハイエクはやむなくヘレーネの面影を持っていたヘラと結ばれ、家庭を築いた。

しかし、ハイエクとヘレーネは互いを忘れられず、連絡を密かに取りあっていた。ハイエクが英国に移り住んだ三〇年代から、互いに離婚し再婚することも真剣に考え始めた。戦争を挟んで再び出会った二人はついに計画実行に踏み切る。ハイエクはヘラと強引に離婚、ウィーンでヘレーネと再婚した。

ロンドン大学でのハイエクの無二の友人であった経済学者ライオネル・ロビンズ（一八九八―一九八四）ら英国の友人、知人らはこの強引な離婚・再婚劇に怒り、ヘラ夫人に大いに同情した。ハイエクはヘラ夫人と子どもたちに養育費を渡しながら、ヘレーネと新生活を営む収入を確保するため、シカゴ大への移籍を準備していた。離婚を断行してロンドン大の友人らの怒りを買い、亡命者のようにアメリカに移り住むほかなくなった。

こうした事件から数年後に『こころ』を読んだハイエクは、無二の友人から美しい「お嬢さん」を奪い去るようにして結婚しながら、その友人の自死で「黒い光」に貫かれてしまった人生を生きざるをえなかった「先生」に、どこか自分を重ねていなかっただろうか。

しかし、そうした皮相な経験の相似性を越えて、ハイエク、そしてギリシャ古典学者グリーンが漱石の『こころ』の中に見いだしたものがあったのではないだろうか。一般には市場万能主義の権化のようにみられるハイエクだが、自由の追求を通じて行き着いたところは「近代」の合理主義への懐疑だった。

マクレランが私淑し、『こころ』の翻訳を示したもう一人、社会思想委員会の創設メンバーである古典ギリシャ文学の泰斗デイビッド・グリーンもユニークな学者だった。

彼が英訳したヘロドトスの『歴史』は「翻訳の極致ともいえる記念碑的業績」とされ、ギリシャ悲劇の訳業は百万部を超えるロングセラーとなっている。社会思想委員会では、ギリシャ古典に限らず、シェークスピアやギボンなどの英文学の古典からジョイスの現代文学まで教えた。

アイルランド生まれで、ギリシャやハーバード大での研究生活後、三七年シカゴ大で講師となった。強い個性から学内で悶着を起こし、いつ退職を迫られてもいいようにと二十代の頃から本格的に農業も営んできた。故郷アイルランドにも農園を持ち、その近隣の農民はグリーンが学者などとは露とも思わなかったという。

親しい門下生によれば、グリーンは教授職よりも食糧をつくる農業の方が意義ある仕事と考えていたふしがあるという。戦争を超え、二つの大陸をまたいで生きたグリーンもまた、「近代」が生み出したものへの強い疑念を持ちながら生きた思想家だった。

ハイエク、グリーンのそれぞれの「近代」との格闘が、漱石のそれと共鳴した可能性は、大いに考えられる。それは、マクレランやカークにも共通して言えることだ。

その頃、太平洋の向こう側では……

マクレランが『こころ』の翻訳とともにハイエク教授に提出した論文はどんなことを書いていたのだろうか。

「漱石はどの作家グループとも一緒にされるのを拒んだ。自分がよく知る世界を描いており、その小説群は明治末年から大正初期の日本社会の姿を極めてよく伝えている」

その日本社会の姿とはなにか。「都市化と人間の孤独を描いて、これほどまでの作家は世界にいない」。マクレランは、筆者にそう語ったことがある。

五十年前の論文はタイプ打ちで八十八ページ。自宅で病床の妻を看護するマクレランの手を直接わずらわせることなく、アメリカ議会図書館のマイクロフィルム室で、論文を閲覧することができた。同図書館には主要大学の博士論文がマイクロフィルム化して保存してある。膨大な数だが、探すのにそれほど手間はかからなかった。

冒頭一ページの「前書き」で繰り広げられた「則天去私」論には、衝撃を受けた。「漱石が自らの人生哲学とでも呼ぶべきを表現するのにつくり出した『則天去私』という、よく引用される言葉について、本稿では言及しない。熟慮のうえである……ただ、人生の紆余曲折を心穏やかに超然と観たいという希望を表明しているのだけではないか。それ以上には、意味あることを論じることはできない。それ自体ではあまりに陳腐な表現なので、背後にある漱石個人の実体験を知らなければ、意味をなさない」

ほぼ同じ時期、日本の文芸批評界は、突然のように現れた俊英に衝撃を受けていた。「その先鋭な論の独創的なことに、わたしは厭世的にならざるを得なかったのだ。エライ青年がでてきたもんだ……」と書いたのは、文芸評論家、平野謙である。その理由は青年の綴った次のような一節だ。

「（漱石）の偉大さは、彼がなしかけた仕事を我々に向って投げてよこそうとしているその姿勢にある。それを受けとめる以外に、漱石を現代に生かすことは出来ない……」「漱石に関する神話は多いが、その最も代表的なものは『即天去私』神話である……『則天去私』で漱石が何をいおうとしていたかは、かなりあいまいになって来る。それで彼の全作品を秩序立てようとするのは、いささか人の好すぎる話だといわざるを得ない」

青年とは、当時二十三歳の江藤淳。一九五六年十一月に小さな出版社から自費出版に毛が生えたようなかたちで出た評論『夏目漱石』は、江藤の出世作となる。そのころマクレランは、そんなことはまったく知らずに、恩師で大思想家であるハイエクのために『こころ』を訳し、やはり漱石が現代に問いかけるものを作品批評というかたちでえぐり出そうとしていた。そして、二人とも「即天去私」の虚妄を突いて、漱石論を展開し始めたのである。

マクレランの論文を読んで衝撃を受けたのは、ほぼ同時に太平洋の両側で同じように漱石の核心に迫り、漱石を位置づけ直そうとした「魂」があったということ、そしてその魂の生んだ初めての作品が、まわりの魂（ハイエク、グリーン、平野謙……）を激しく揺さぶっていたという事実による。

江藤はそれから六年後、米東部のプリンストン大学にロックフェラー財団研究員として留学し、そのまま講師として残って教壇に立ち、マクレラン訳の『こころ』も教材のひとつとして用いて、日本文学を教えた。『こころ』は英語のタイトルもそのまま『Kokoro』として、カークの『保守主義の精神』と同じ新興のヘンリー・レグナリー社から一九五七年に出版されていた。

その訳者マクレランとの最初の出会いを江藤は次のように綴っている（英文寄稿からの引用）。一九六四年のことだ。

「わたしの授業でマクレラン訳の夏目漱石の『こころ』を使ったことがあり、以来、エドウィン・マクレランの名は心に刻み込まれていた。決して忘れられない名前であった。そのマクレラン教授がステージに立って、いまわれわれに話しかけている。わたしは教授を見上げ、その声にのみこまれた」

江藤はさらにその時の不思議な感動とマクレランのしゃべる英語の素晴らしさを続けて

いる。そして、マクレラン訳『こころ』について称賛を惜しまない。明治の終わりと乃木大将の殉死という、外国人ばかりか今日の日本人にも理解しがたい事件が、小説の主題と「密接不可分」に結びついているため、普遍的な人間の悲劇だととらえるのは難しい。作者漱石とその作品の登場人物らの世界観や価値観を受けいれることができなければ、翻訳は不可能だ。それを可能にしたばかりか、とてつもなく美しい英語にしたマクレランに江藤は初めて会う前から「深い信頼を置くことができた」という。

たちまち親交を結んだ二人は、江藤の側からいわせれば「三十年以上の長きにわたり、（『こころ』の翻訳者マクレランに抱いた深い）信頼は一度として裏切られることはなかった。それどころか、日本の内外いずれをとっても、わたしにとってマクレランほどに信頼できる人物はまずほとんどいない」というほどの友となった。友情は夫婦同士となり、「エドとレイチェル（マクレラン夫人）」は江藤夫妻の生涯の友となる。ある時、江藤は骨肉腫の疑いで入院するが、これで死んでしまって二度とマクレラン夫妻にあえなくなるのが悔やまれてしょうがなかった、と回想している。

江藤はマクレランがハイエクに提出した論文の考え方にも感銘を受けたようだ。そのことに直接触れた江藤の文章は寡聞にして知らないが、初期の江藤の漱石論にマクレランの『こころ』についての論文から「ヒントを得た」という注がついているものがある（「明治の一知識人」）。この『こころ』論文はマクレランが博士論文を基にのちに発表したものだ。

一方、マクレランも江藤の人柄の「党派根性からの自由」さに感銘を受けたと記している（エッセー「プリンストン以来」）。彼は、江藤の党派根性からの自由さは、「歴史に対する直感的理解と経緯から来る」とみていた。

これはマクレランが漱石とその作品の登場人物らの世界観や価値観を受けいれることができるのに驚嘆した江藤の敬意の裏返しといえる。ただ、やがて江藤の中に現れてくる「党派性」に気付いたマクレランは、筆者とのインタビューで「江藤さんの『政治』は自分にはしっくり来ないところがあった。でも、交友では仕事や政治の話はしなくなった。夫婦同士でただただ子供のように笑い転げて、楽しむだけにしていた」と語っている。これは八〇年代以降のことを指すと見られる。

ハイエクの主著をリライトしたマクレラン

江藤は一九六七年から七九年まで雑誌『季刊藝術』に編集同人としてかかわるが、マクレランは同誌に頻繁に、時には江藤とともに登場し、日本文壇で存在感を高めた。その間に、「枯淡」の文体や「非論理性」からほとんど不可能と思われた志賀直哉の『暗夜行路』の翻訳に取り組んで達成し、翻訳を江藤に捧げている。

そうした時期に、マクレランは日本文壇が知らない、もう一つの大きな仕事をやり続けていた。ハイエクの後期最大の著作『法と立法と自由』などの英文草稿を直して、思想書として一級の文体に練り上げる作業である。『こころ』翻訳を読んで以来、ハイエクはマクレランの卓越した英語文章力に感銘を受けていた。オーストリア生まれのハイエクの母語はドイツ語。英国に渡って、ロンドン・スクール・オブ・エコノミクス（ＬＳＥ）で教えるようになったのは三十歳を過ぎてからだから、著述の英語からもドイツ語風が抜けなかったという。

博士論文を書き終えたマクレランはまずシカゴ大学で英語講師となり、五九年に日本語・日本文学科が創設されると助教授に任じられ、六五年の極東言語・文明科設置で初代学科長、七二年にはイェール大へ移籍という学者生活に入るが、大学の夏休みなどに日本に研究滞在する度に、恩師ハイエクの大部の草稿を持参し、夜はホテルでハイエクの政治思想と格闘した。時には昼間から部屋にこもって草稿を直しつづけ、ホテル従業員から不審がられたこともあったという。

『法と立法と自由』の冒頭にはシカゴ大学マクレラン教授への「私（ハイエク）の表現を平易にするため多大の努力を払われた」との謝辞があるが、その名前と、英語世界における最高の漱石学者マクレランを結びつけているハイエク学徒は果たしているだろうか。日本文学研究者にとってハイエクは無縁であり、ハイエク研究者にとっての日本文学も同様だろう。マクレランをハイエクにつないだラッセル・カークとなれば、日本文学研究者にはさらに縁がない。

マクレラン、カーク、ハイエクの関係について続けると、後の二人は冷戦前期のアメリカ保守思想界の二大潮流を代表する論客として、やがて大きな論争を引き起こす。それはまた別稿を要するテーマなので、ここでは触れない。ただ、やや乱暴に要約すれば、エドマンド・バーク的なるもの（カーク）とJ・S・ミル的なもの（ハイエク）が摩擦を起こしたのである。マクレランは双方と交友を続けたが、恩師ハイエクの方に近さを感じていた。

ここで付け加えると、バーク的なカークは生涯T・S・エリオットを恩師のように仰いで親交を持ち、『エリオットとその時代』という著作もある。一方、江藤はのちに、出世作『夏目漱石』を書いた動機について、列車の中でかねて読み込んでいたT・S・エリオットの「批評の機能」の一節に突然の衝撃を受け、それまで書いていたものをくずかごに捨てて、エリオットに応えるように新たな漱石論に取り組んだと回想している。ここにエリオットという要因も入ってくる。カークと江藤というのは、両者がそれぞれの国で立てた論の政治性も含めて、どこか似た魂なのではないかと思う。

マクレランは異色の学者である。スコットランド啓蒙研究からハイエク門下生、そして『こころ』を転機として近代日本文学者となった。八十三歳で逝った生涯の学究生活に、著作は極めて少ない。ただ、漱石の『こころ』『道草』さらに志賀直哉『暗夜行路』の翻訳はほとんど天才的な仕事といえる。鷗外『渋江抽斎』から妻五百《いお》の生涯だけを取り出した翻案翻訳という面白い試みもしている。

著述ではなく、教壇から学生に大きな影響を与えるタイプだった。今日のアメリカの日本文化・文学研究は、もしかしたらマクレランの教え子たちに支えられているといってもよいかもしれない。たとえば、村上春樹翻訳の中心的存在であるジェイ・ルービン前ハーバード大教授、日本ファシズムの文化面からの研究をすすめるカリフォルニア大バークリー校のアラン・タンズマン教授ら逸材揃いだ。靖国論で日本でも最近注目され、筆者の友人でもあるケビン・ドウク・ジョージタウン大教授は、シカゴ大系列でマクレランの孫弟子にあたる。

作家の水村美苗（岩井克人・東大教授夫人）はイェール大での教え子の一人だ。水村の小説『私小説 from left to right』には、マクレランが「Big Mac」のあだ名で呼ばれる教授として登場する。

石の建物の中に「明治が息づく」研究室を持つ教授は「アメリカに生きながらアメリカに生きず、戦前の神戸と、日本近代文学の中に生きていた」。彼は「アメリカの特産物の hamburger のようにふくふくと丸い顔を小柄な身体にのせていたが、その話し方と態度はイギリスの貴族のように尊大かつ威圧的であった。その尊大かつ威圧的な教授が心からへりくだって漱石を語る姿は実に感動的であり、明治、大正の日本の作家たちへの畏怖の念は、そのまま生徒たちに伝わっていった」。

筆者が受けた印象もほぼこれと同じである。マクレランは五十年を超えるアメリカ生活ののちも「英国臣民」のままであり、さらにその忠誠はスコットランドにある。母の国、日本も同じくらい、あるいはそれ以上に愛している。その母は、マクレランが物心つく前の昭和初めに亡くなった。ちょうど、江藤が実母を三歳の時に喪ったのと同じだ。二人の強い絆はそんなところから来ていたのかもしれない。

そのことも含め、『こころ』の英訳とそれをめぐるアメリカ、欧州、日本の知の巨人たちのドラマを考えると、水村がいう「感動」以上の何かが迫ってくるのを感じざるを得ないのだ。

こうして、父の祖国スコットランドと移住先アメリカから母の祖国・日本を近代文学を通じて見つめ続けたエドウィン・マクレランとの晩年の対話で強く印象に残っているのは、「敗者の永遠性」についての彼の思いである。ワイングラス片手に一三、一四世紀のスコットランド独立戦争の英雄たち（とその亡霊）を語るマクレランの物語は、知らぬ間に第二次大戦で英米に対し「英雄的に」立ち上がって敗れた日本の物語に移り変わっていくことがあった。二つの敗北の物語をつなげて語ることで、彼は父と、幼少期に失った母を心の中で結び付けようとしていたのだろうか。そこにマクレランの心の「暗闇」があったような気がする。

そのマクレランと双子のようであった江藤淳もまた、晩年に「敗者の永遠性」を語っているのは偶然なのか。不思議な思いがする。江藤が語った敗北（あるいは喪失）の物語もまた、彼の「暗闇」に繋がっているような気がしてしようがない――。

アメリカへのアンビバレンス

夜来の颱風にひとりはぐれた白い雲が
気の遠くなるほど澄みに澄んだ
かぐわしい大気の空をながれてゆく
太陽の燃えかがやく野の景観に
それがおおきく落とす静かな翳は
……さよなら……さやうなら……
……さよなら……さやうなら……
いちいちさう頷く眼差のやうに
一筋ひかる街道をよこぎり
あざやかな暗緑の水田の面を移り
ちいさく動く行人を追い越して
しづかにしづかに村落の屋根屋根や
樹上にかげり

……さよなら……さやうなら……
……さよなら……さやうなら……

ずっとこの会釈をつづけながら

やがて優しくわが視野から遠ざかる

伊東静雄の生前最後の詩集『反響』（昭和二十二年）に収められた「夏の終わり」である。

この詩がいつ詠まれたのか、はっきりとしていない。だが、伊東が想を得たのは昭和二十年の夏の終わりにちがいない。

「十五日陛下の御放送を拝した直後。
太陽の光は少しもかはらず、透明に強く田と畑の面と木々を照し、白い雲は静かに浮び、家々からは炊煙がのぼっている。それなのに、戦は敗れたのだ」

伊藤の昭和二十年八月三十一日の日記だ。この記述は「夏の終わり」と照応している。抜けるような青空の終戦の日の、伊藤の心象から生まれた詩であることが、分かる。

『なつかしい本の話』（昭和五十三年）によれば、江藤淳は昭和二十三年の夏の終わりに、当時家族と住んでいた東京の場末、十条の古本屋の店先で『反響』を偶然手にした。詩集のなかで、ことさら心をひかれたのが「夏の終わり」だった。

東京・大久保百人町の屋敷を空襲で焼かれ、移り住んだ鎌倉稲村ヶ崎の家を追われ、十条のバラックへと越してきて、間もないころだ。日本の運命とともに、江頭（江藤の本名）家の家運も急激に傾いた。当時十五歳の江藤は、「夏の終わり」が、うたうことを許されなかった「戦いに敗れた悲しみ」をうたった詩だと直感する。『反響』に出会ったことで文学を仕事とするようになった、と江藤は回想する。その出会いがなければ、自分は生きてさえいなかったかもしれない、と言う。

エッセーが書かれたのは昭和五十一年の春から夏にかけてである。当時、江藤は日本海軍草創の物語『海は甦える』を書き継ぎ、NHKのドキュメンタリー・ドラマ「明治の群像」のシナリオも書き、文芸評論家としての業績で日本芸術院賞を受け、絶頂期にあった。

だが、近代日本の「国父」たちを力強く描き出していた江藤の心の底では、敗戦の悲しみの深い傷が癒えていなかった。ただ、この十五歳の時の思い出は事実だったのか、それとも明治近代化を綴る江藤が、その心理のバランスのため、日本浪曼派最高峰の詩人が敗北をうたう「夏の終わり」と自らの文学的出発を結ぶ物語を必要として、このエッセーを書いたのか、はかりかねるところがのこる。

しかし、敗戦、あるいは「戦いに敗れた悲しみ」が、一貫して江藤のテーマであったことはまちがいない。そして、ある時期からは、その文脈の中でのアメリカこそが江藤のテーマになったと、言ってよい。そのアメリカは「近代」と言い換えることもできる。

一度目は黒船で、二度目は敗戦で、日本に否応なく近代化を迫ったのはアメリカである。押しつけられた「近代」に主体的に取り組んだのに、ついには破滅した日本。二度目に「近代」を迫られたときは、受け身に生きることを選んで繁栄を得たが、どこか空っぽのようになった日本。そこにある矛盾を問い続けたのが、江藤の批評活動だった。

昭和三十七年から三十九年にかけ、プリンストン大学に研究員・教員として滞在し、帰国後、『アメリカと私』(昭和四十年)、『成熟と喪失』(昭和四十一年夏に連載開始、翌年出版)と、著作活動中期の傑作を書き継いでいくなかで、江藤の文学的テーマとしてのアメリカが鮮明に浮かび上がってくる。

それは、どんなアメリカだったのか。『アメリカと私』のこんな一節には江藤の肯定的なアメリカ観がのぞく。

……強者の勝利という明快な原則の作用を、いささかも隠そうとしないこの国のありかたは、私にはかならずしも不愉快でなかった。米国で力が正義だという思想が支配的だというのではない。しかし、この国で「正義」をおこなっているのは、ほかのなんであるよりも、力であった。

この後に来る一節では、核戦争直前のキューバ危機の中で、江藤は美しい緑の大学キャンパスの裏に核戦争による廃墟を見る。さらに予備役将校として軍服に身を固めた学生の凛々しさを見て「死の影を受けて美しくすらあった。あるいは彼らは『国のために』死ぬのである」と考え、「残酷な感動」を受けた。「国家と死と性」をホモセクシュアルな感覚の中に置いた三島由紀夫を思わせる。江藤のこうした叙述が、現代アメリカに託して、失われた日本を語っているのは明らかだ。

『アメリカと私』には、『海は甦える』あるいは『明治の群像』や勝海舟研究のように、明治期近代主義を肯定する仕事へと進む萌芽がある。と同時に占領期のアメリカの検閲の研究から、戦後民主主義を支える言説のウソとカラクリを暴き立て、ついには西郷南洲を描き、戦後期の日本近代に絶望して、自死にいたる江藤も垣間見せる。

この二つの衝動を同時に抱え込み、引き裂かれながら著作活動を続けたことが、江藤淳の文学者としての深さだった。

『アメリカと私』ときびすを接し、ある意味でその続編のようにして書かれたのが、『成熟と喪失――〝母〟の崩壊』であった。一方は紀行、他方は文芸評論であったが、一貫したテーマがあった。

それはアメリカの衝撃と日本近代、そして日本人の魂という三つの連関の探究である。『成熟と喪失』は、昭和四十年に発表された小島信夫の小説『抱擁家族』から受けた衝撃を軸に、第三の新人たちの小説を、三つの連関の探究を通じて批評した。

『抱擁家族』の主人公三輪俊介が妻時子と米兵ジョージが勤務する飛行場に行き、その応接室で俊介が、アメリカ人のように妻のオーバーをぬがそうとすると、時子がその手を「見っともないわよ」と言って、払いのけるシーンについて、江藤は次のように言う。時子が俊介を拒むのは、彼女が無意識のうちに自分と「アメリカ人」という「近代」を一致させていて、「近代以前」の夫がその真似をするのを許せないと思うからである。時子はジョージを家に入れ、やがて俊介は妻とジョージの姦通を知る。江藤が、『抱擁家族』の批評を通じて示す戦後日本は、のちに評論「『ごっこ』の世界が終わったとき」(昭和四十五年)で、もっと直截に現代日本の現実として描かれる。江藤は「『ごっこ』の世界……」で言う。

……われわれの意識と現実の間にはつねに「米国」というものが介在している。「米国」が現実をへだてるクッションとして現存しているために、戦争も歴史も、およそ他者との葛藤で味わわれるべき真の経験は不在であり、逆にいえば平和の充実感も歴史に対立すべき個人も不在である……

江藤が講談社文芸文庫版『成熟と喪失』に加えたあとがき(平成五年)で述べているように、アメリカでの二年間の生活は、それ以前に江藤が読んでいたものの読み方を変えてしまった。また、『抱擁家族』のように帰国後に発表されたものについても、かつてなら見えなかったものが次々と見えだした。

江藤はそれを、アメリカ生活を通して自身の骨身に沁みついた「人はこの国（注・アメリカ）では孤独であることを許されている」という感覚が、なさしめたことだろうと言っている。「ある深い哀しみのような感覚である。それはこの国（注・日本）には存在しない。今後も存在しないだろうと思われる」とも書く。

ある意味でアメリカへの讃辞であり憧憬を含むこのあとがきを書いた江藤は、すでに二度目のアメリカ滞在（昭和五十四―五十五年）を終え『一九四六年憲法――その拘束』（昭和五十五年）や『閉ざされた言語空間――占領軍の検閲と戦後日本』（平成元年）を発表し終えて、一部には「反米右翼」とみなされていた。

これは、江藤のアメリカへの視点が単純な構造ではなく、エッシャーの描く階段のように、上昇が下降であり、下降が上昇であることを示している。あるいは、精神が引き裂かれたような状態にあるといえる。だが、われわれは江藤を笑えない。各人が、真剣に自己の内面の「アメリカ」を探っていったら、江藤と同じ錯乱に陥る。それが戦後の日本人の現実である。多くの人は江藤のように真剣になっていないだけだ。

『成熟と喪失』を上梓する（昭和四十二年）と同時に、アメリカの衝撃と日本近代、そして日本人の魂の問題の連関を、自身の精神の内に探るかのように、江藤は『一族再会』の取材・執筆にとりかかっている。

幼くして失った母の若き日の姿を、母が通った日本女子大の記録をたどって取り戻す物語から始まり、日本の近代海軍創建に加わった曽祖父・祖父たちの生涯をたどる。

黒船来航というアメリカの衝撃で始まった日本の近代化のなかで、「真の歴史の経験」に生きようとした明治期の日本人の姿に迫る一連の著作がうまれる。その出発点がまぶたの母を追い求める記録であることが、江藤の文芸活動の特異性を示す。祖父江頭安太郎は海軍軍政実務のトップである軍務局長として、日露戦争と戦後処理に全力を傾注し、四十七歳で在職中に急死した。

外圧（アメリカ）が出現させた明治国家で、その外圧を真っ正面から受ける海軍で働いて早世した祖父の妻である祖母が、女子大教育を受けて「近代」を身につけた嫁である江藤の母につらくあたり、それが母の死を早めた。そう考える江藤は次のように描く。


（祖父の早世の）影響が直接・間接に母の死にまで及んでいるとすれば、母はいわば日本が「近代」に足を踏み入れて以来、つねにわれわれの意識に投影しているこの外圧によって亡ぼされたことになるのであろうか。

『一族再会』から、これまでおもに外在的に語られていた江藤のテーマ「アメリカの衝撃と日本近代、日本人の魂」が内在する主観的なテーマとしても語られ始め、ついには晩年の評伝『南洲残影』（平成十年）に至る。

この評伝は、西郷隆盛の生涯を描きながら、江藤の〈私〉が組み込まれた叙述になっている。そのうえで、南洲のたどった運命に、第二次大戦の破局へと向かっていった日本近代が重ねられている。西郷と〈私〉と「近代」は、たとえば次のような一節で響き合う。

今更、なにをいうまでもない、官軍側の戦備と軍資は圧倒的であり、最初から薩軍に歯の立つ余地は全くなかった。西郷は、その事実に思いを致さなかったのか、いや、思いを致しはしたが、にもかかわらず立たねばならぬと思ったのか。

私の脳裡には、昭和二十年（一九四五）八月の末日、相模湾を埋め尽くすかと思われた巨大な艦船の姿が甦って来る。日本の降伏調印を翌々日に控えて、敗者を威圧するために現れた米国太平洋艦隊の艨艟である。あれだけ沈めたはずなのに、まだこんなに多くの軍艦が残っていたのかという思いと、これだけの力を相手にして、今まで日本は戦ってきたのかという思いが交錯して、しばしは頭が茫然とした。しかし、だから戦わなければよかったという思いはなかった。こうなることは、最初からわかっていた、だからこそ一所懸命に戦って来たのだと、そのとき小学校六年生の私は思っていた。

西郷の思いと、敗戦時の幼い〈私〉の思いは重なり、さらに江藤は次のように続けて、西郷と〈私〉自身を日本「近代」の破局の場に一緒に立たせる。

その巨大な艦隊の幻影を、ひょっとすると西郷もみていたのではないか。……人間には、あるいは未来予知の能力はないのかも知れない。しかし、国の滅亡を予感する能力は与えられているのではないか。その能力が少なくとも西郷隆盛にはあり、だからこそ彼は敢えて挙兵したのでなかったか。

相模湾を埋め尽くした米艦隊の描写は、『一族再会』（昭和四十八年）の次のような一節の反響だ。

十五歳の古賀米子（注・江藤の祖母）が、横須賀の裏山から胸をふくらませて艦隊の出動を見ていた明治二十二年（一八八九）三月の第一回海軍大演習では、江頭少尉が乗り組みを命じられた葛城は攻撃軍に属していた。（『一族再会』）

この一節の後、江藤は明治二十二年当時の海軍艦船の名を綴る。金剛、筑紫、海門、日進、摩耶、磐城、鳳翔……。相模湾に姿を現した、明治二十二年の小さな海軍。それは近代日本の発展とともに大海軍へと偉容を整えていくが、さらに大きな近代に打ち破られ、相模湾は米海軍艦船に埋め尽くされた。

『南洲残影』は、城山での西郷の敗北と昭和二十年の敗北を重ね合わせた、戦前期日本への追悼であった。そこに偶然でありながらも、必然のように蓮田善明が現れる。

三百枚ほどの評伝のなかほど、江藤は西郷の蜂起が潰えた西南戦争の激戦地、田原坂を訪れる。坂の頂上の戦役記念碑の碑文を読み、草地を降りかけたところで、「意外なもの」を見た。「蓮田善明文学碑」と刻まれた小さな石柱であった。自然石の文学碑には短歌一首が彫られてあった。

ふるさとの　驛におりたち　眺めたる
かの薄紅葉　忘らえなくに

善明こそ昭和十六年、十六歳の三島の才能を認め、文壇に送り出した国文学者である。のち応召して、マレー半島ジョホールバルで陸軍中尉として終戦を迎える。終戦四日後、連隊解散式で、連隊長を射殺し、自決した。享年四十一歳。

三島は「蓮田氏と同年にいたり、なおべんべんと生きているのが恥ずかしくなりました」と知人への手紙に記し、その二年後善明の死をなぞるように、自衛隊市ケ谷駐屯地に突入して自決した。

思わぬところで善明の碑を見た江藤の身内を「一種電光のような戦慄」が走る。その一瞬、西郷、善明、三島の死がつながったと江藤は書く。そのつながりは、『南洲残影』から三年後、妻の死を追った江藤の自決にまで、伸びることになる。

近代日本の「敗北」とかかわる、これら四人の死の向こうに、われわれは黒船以来この国を覆い続けた「アメリカの影」を見ないわけにはいかない。そして、浪漫派詩人・伊東静雄の敗北の叙情詩との出会いに始まった江藤の文学者としての生涯が、詩人と同世代で互いを知る浪漫派批評家、蓮田善明との会遇で終期を迎えたことの意味も、かみしめてみたくなる。

あとがき

本書の原著が新潮選書の一冊として上梓されたのは二〇〇八年九月。その任期をいま終えつつあるバラク・オバマ大統領が民主党大統領候補選びを勝ち抜き、共和党の大統領候補ジョン・マケイン上院議員との一騎打ちの選挙戦に入った頃である。

その八月末、ロッキー山中の高原都市、コロラド州デンバーで開かれた民主党全国大会最終日、会場はそれまでの屋内競技場「ペプシ・センター」から巨大な屋外フットボール・スタジアム「インベスコ・フィールド・アット・マイルハイ（当時の名称）」に移った。マイルハイの名前通り、この都市自体が高度一マイル（約千六百メートル）に位置する。集まった聴衆八万（その中には取材陣に加わる筆者もいた）。暮れなずむスタジアムでのオバマの民主党大統領候補受諾演説は「イエス・ウィ・キャン」の歓声にかき消されそうになった。その年の北京五輪開会式を上回る四千万人がテレビ中継を見たという。

それから約十週間の激しい選挙戦をオバマは勝ち抜き、アメリカ合衆国初の黒人大統領が誕生する。翌年一月の就任式には二百万人といわれる市民が集まり、米国と世界は新大統領を祝福した。当時、次のようなコラムを書いた。

これほどまでに世界中から好意を持って迎えられ、期待を担って就任する米国の新大統領が、かつていただろうか。

就任式に押し寄せた二百万とされる米市民と、各国からの賓客だけでない。欧州、アフリカ、アジア……きっと億単位の人々が、米国に初めて誕生したアフリカ系のオバマ大統領に、暗い時代の「希望の光」を見ようとしている。

これほどまでの深い危機の中で、ホワイトハウスに入る新大統領も、またまれだ。国家分裂の危機の中で就任したリンカーン、大恐慌の最中にホワイトハウス入りしたF・D・ルーズベルト。彼らに匹敵するだろう。

百年に一度という世界規模の経済危機、イラク・アフガニスタンで続く戦争……厳しい試練が新大統領を待ち受ける。（略）

米国の力とは何か。おそらく軍事力や経済力ではない。いま、まさに目にしつつある、再生する力だ。転んでも前進をやめることのない姿だ。

超大国の力任せの横暴がずっと続くのではと、暗いムードが世界を覆い、米国発の深刻な金融危機が世界に広まって、暗さに追い打ちをかけたその時、米国はオバマ大統領を登

場させた。（略）

奴隷制度をめぐり国論が二分し、米国が再生する必要がある時にリンカーンが登場したのを、米市民は思い起こしているだろう。オバマ氏自身そうした使命を感じているのは、明らかだ。

米国人は個人主義だといわれるが、その一方で人々が「結び付きあう」ことを信じて生きてきた国民だ――。オバマ氏は大統領選出馬への起点となった二〇〇四年夏の民主党大会基調演説で、そう訴えた。

その結び付きが米国内だけでなく、さまざまな亀裂で分断された世界に及ぶのを、人々は願っている。多様性のある連帯を目指す米国の標語が、二一世紀世界で実現するのを期待している。

「多くのものから、一つを」

あれから七年半。

いま、われわれが目前にしているアメリカは、当時期待していたものとあまりに違いすぎる。移民排斥、女性蔑視の「暴言」と支離滅裂な外交・通商政策を叫ぶ不動産王ドナルド・トランプが米市民の喝采を浴びている。二〇〇八年のあの高揚はどんな道筋をたどってここに至ったのか。オバマ旋風からトランプ現象への間に何か断絶が起きたのか。あるいは同じコインの裏表か。二つをつなぐものは何なのか。考えてみないわけにはいかない。

当時のコラムにも書いたように、オバマはイラク・アフガンの二つの戦争だけでなく、あの夏のデンバーでの民主党全国大会から半月後に起きた投資銀行リーマン・ブラザーズの負債六千億ドルという史上最大規模の倒産による、世界規模の金融危機を抱え込んで、超大国米国と世界の舵取りをスタートさせた。

就任後すぐに直面したのは、ティーパーティ（茶会）運動であった。この運動がどのようにして起こったのか、振り返ってみよう。

茶会運動の起点は一説に二〇〇九年二月十九日とされる。ビジネス専門ケーブルテレビ局CNBCテレビのコメンテーター、リック・サンテリの次のような一言が大きなきっかけとなった。「ここはアメリカだろう！　二ヵ所も風呂場のある家を持ちながら、自分の借金を払えない？　そんなお隣さんの住宅ローンを肩代わりしたいやつがどれだけいるんだ？」。

取引開始前のシカゴ・マーカンタイル先物取引所からの中継でサンテリが批判したのは、オバマ政権が前日発表したばかりの二千七百五十億ドルに上る住宅対策だ。住宅ローン返済が困難となっている九百万世帯分までの借り手支援を柱としていた。サンテリの批判に取引所のトレーダーたちは歓声や口笛で応じ、勢いに乗ったサンテリは呼び掛けた。

「抗議のためシカゴ・ティーパーティをやろうじゃないか」

このサンテリの呼びかけが世論に火を付けた。ブロッガーたちが反応し、ツイッターやフェイスブックを通じて呼びかけが広まり、早くも二月末には三十以上の都市でティーパーティ抗議行動が起きた。オバマ大統領を当選させたインターネットのソーシャルネットワーキング（ＳＮＳ）の力が、新政権誕生直後に反オバマ運動のうねりの原動力となっていった。

オバマ政権の政策に対する怒りだけが、この新たな保守派市民運動の狼煙《のろし》を上げさせたのだろうか。攻撃の主たる標的がオバマ大統領の医療保険改革に移っていったから、そんな印象が強いが、実はそうではない。住宅バブル崩壊に端を発する金融不安で前任のブッシュ（息子）政権時代から行われていたＡＩＧ保険、シティグループ、ＧＭ、クライスラーなど大企業への一連の巨額救済策に対し充満していた市民の怒りに点火し、爆発を引き起こしたのがサンテリの「ティーパーティ」の一言だった。すでに各地で、大企業の救済のための巨額資金に市民の税金が使われることに反対する抗議集会などが始まっていた。その運動に名前が付いた。

つまり、オバマ民主党政権であれブッシュ共和党政権であれ、①政府と大企業（エスタブリッシュメント）、あるいは、②政府と貧困層（少数派・移民）――が結託して、中間層市民から搾り取った税金で「優遇されている」との思いから来る怒りが核となっていたのだ。①は金融危機での大企業救済であり、②は医療保険改革や住宅ローン救済である。

リーマンショック以前からのロン・ポール下院議員（共和党）の小さな政府・減税を求めるリバタリアン（自由至上主義）運動が流れ込んでいたことからリバタリアン的な側面が強く見えた茶会運動だが、実態は「反政府・反大企業」という反エスタブリッシュメントと、「反貧困層」という二つのベクトルを持ったポピュリズム運動に本質があったことがうかがえる。

このように茶会運動を整理してみると、いま起きているトランプ現象との連関が見えてくる。第十三章で描いたように、トランプ現象を支えている核は、白人中産階級、特にその下層（高卒以下）が、上位にあるエスタブリッシュメントと下位にある貧困層（少数派・移民）の双方に対しぶつけている「怒り」である。茶会運動では当初サンテリやグレン・ベック（TVパーソナリティ。もう忘れられた？）の「暴言」が、その怒りを爆発させる火付け役となった。運動は二〇一〇年の中間選挙で多数の茶会候補を当選させる旋風を巻き起こした。

当時、サンテリらが担った役割をTVパーソナリティでもあったトランプ（と彼の「暴言」）が演じているとみれば、現象発生の構図は相似である。運動拡大の早さはともにTVで確立された知名度プラスSNSの拡散力に負うところが大きい。この下層中産階級の「怒り」の政治はいつから始まったのだろうか。

アメリカ史には、あのデンバーの民主党全国大会のように、未来へ向かって大きな期待を抱かせる政治運動もあれば、茶会運動やトランプ現象のような「怒り」を煮えたぎらせ、アメリカ史の過去の暗い部分を引き摺っているような政治運動の系譜もある。どちらも、運動の名前を変えながら歴史の中を連綿と流れている。

茶会運動の前には、キリスト教右派の運動があった。十二年ほど前の二〇〇四年大統領選（息子ブッシュ対ケリー）では、彼らが帰趨を決めたとされた。出口調査で、投票先決定の要因として最も高い率を占めたのが「道徳的価値観」（二十二％）だった。現在、同種の問い掛けを有権者に行うと、答えのリストのトップには「経済」「雇用」が並ぶ。〇四年当時の道徳的問題の中身は中絶や同性婚だった。今これらは下位に落ちている。

リーマンショックという未曽有の経済危機を経て、キリスト教右派から茶会運動、トランプ現象へと展開してきた右派ポピュリズム運動のテーマは「道徳的価値観」から「経済的価値観」へと変貌した。大衆レベルで見るとキリスト教保守のかなりの部分が茶会になだれ込んだことは、世論調査からも分かる。

振り返ってみれば、これらの運動の前には「ニューライト」と呼ばれた一九七〇年代からの「怒り」の大衆運動があった。当時としては最先端のソーシャルネットワーキングの仕組みであったダイレクトメールを駆使するリチャード・ヴィゲリー（一九三三―）が中心メンバーの一人となって、「モラル・マジョリティ」というキリスト教右派の全国組織がつくられたりして、レーガン政権誕生の一翼を担った。彼らが「怒り」の対象としたのは伝統的「家族の価値」の崩壊や中絶……であった。その一方で当時も、米経済の停滞の中で減税を求める「納税者の反乱」が起きていた。

これら右派大衆運動の奥に、常に反少数派（特に黒人）・反移民の流れがあった。トランプ現象と茶会運動は「オバマはアメリカ生まれでない」と、大統領の出自を問う「バーサー（birther）」運動を包含することでつながっている。これは黒人大統領を受け入れられない心理を表す「記号」だと考えてよい。一九七〇年代からの「ニューライト」の運動にも、黒人の公民権確立後、表立って表現されない差別意識がさまざまに記号化されたかたちで表出していた。

こうして茶会からニューライトへと遡っていくと、その先には一九六〇年代、公民権運動に逆行するように人種隔離政策を訴え第三党候補として大統領選に出馬したアラバマ州知事ジョージ・ウォレスの政治運動や、戦前にラジオを使って反共産主義・反ユダヤ主義の言説で大衆を扇動したカフリン神父、ルイジアナ州で独裁的州政を行ったヒューイ・ロングなど、アメリカ史を彩ったさまざまな右派ポピュリズムの系譜がたどれる。

流れは第十三章で指摘したように、一八三〇年代のジャクソン大統領時代（ジャクソニアン・デモクラシー）あたりまで遡っていくことができる。

こう書くと、アメリカ史にはネガティブな暗い大衆運動しかないように思われるかもしれない。しかし、逆に十九世紀半ばまで奴隷制度を持ち、その後も二十世紀半ばまで南部を中心に非道な人種差別を続けていた国が七年半前についに黒人大統領を生み出すまで、原動力となってきたのも、公民権運動をはじめとする大衆運動である。十九世紀前半の奴隷廃止運動は、今日ならキリスト教右派と呼ばれるような福音派（エヴァンジェリカル）が急先鋒となり、やがてリンカーンによる奴隷解放へとつながっていく。

景気後退の中で鉄道などの独占資本に対し立ち上がった農民らによる人民党（ピープルズパーティ）の運動こそ、今日のポピュリズムという言葉の語源となったが、この大衆運動をきっかけにアメリカ資本主義の改革が始まり、ついにはF・D・ルーズベルトのニューディール政策に至り、そこで今日のアメリカ型福祉制度の基礎ができあがる。だが、その人民党の大衆運動の中にも排外主義の芽があったことは政治史研究のリチャード・ホーフスタッターが指摘した。

ついにはオバマ大統領誕生にまでいたる戦後アメリカの公民権運動などさまざまな市民運動がアメリカ史を彩ってきた。政治思想史研究者マーク・リラによれば、戦後アメリカ政治の左右（保守・リベラル）対立は一種の虚構で、政治運動には左右を問わず一貫した流れがあった。それは「過激なまでの個人主義」だという。簡単にいえば「俺のことは放っといてくれ」ということである。リバタリアン的衝動である。

一九六〇年代の「革命」と一九八〇年代の「（レーガン）革命」は、前者は左派、後者は右派のようにみられるが、通底するところは一つ。六〇年代は文化・社会の価値観（結婚、セックス……）で放任を求め、八〇年代は経済活動の価値観（規制、税金……）で放任を求めた。ともに「個人の領域（private autonomy）」の拡大と解放をテーマとしていたのである。

この半世紀あまりを通じて、アメリカ人の離婚に対する意識はすっかり変わり、敬虔なキリスト教徒とされる人々の間でも、結婚すれば三人に一人は離婚するといわれる。一方で、政治的リベラルと呼ばれる人でも、自宅のコンピューターを前に株取引に余念がない。カネ儲けに対する意識も変わった。

そうした潮流が加速するように進み、つい十二年前の大統領選挙では、その帰趨を左右するかのごとく扱われた同性婚も、昨年には連邦最高裁で認められるまでに至った。性的少数者（ＬＧＢＴ）の権利も拡大している。しかし、こうした文化・社会面での権利伸張（リラの言葉では「放任」）の裏が、経済活動の放任だとすれば、今日のトランプ現象の背景となっている富の偏在・貧富の格差は、同性婚を認めるにまで至った社会風潮と同根だということになる。つまり、オバマが格差の問題と政治的に格闘しているのは、自分を大統領に押し上げた力と格闘していることになるのかもしれない。アメリカ文化のパラドクスである。

日本では『徳川時代の宗教』で知られる宗教社会学の権威だった故ロバート・ベラー教授をカリフォルニア州バークレーの大学側の自宅に訪ねたことがある。「アメリカの個人主義は行き過ぎてしまった。宗教改革にまで遡ってやりなおさなければならないと思うこともある。カトリックに改宗したい気もする」。そう語っていたのを思い出す。十二年前のことだ。代表的リベラル（進歩派）知識人のずいぶんと保守的（あるいは反動的）感慨を聞いて、不思議な気分になったのを思い出す。これもアメリカ文化のパラドクスだろう。

オバマやベラーだけでなく、本書に登場する思想家たちはみな、多かれ少なかれ、そうしたアメリカ文化のパラドクスに直面していたような気がする。

最初に紹介したラッセル・カークは典型例だ。彼はオールド・ライトあるいは「伝統主義者」と呼ばれたが、アメリカでは新しいタイプの思想家であった。なぜなら、アメリカには欧州や日本のような保守主義の伝統がないところに、そうした保守主義を根付かせようとしたからだ。孤独な営みだったと思う。それが成功したかどうか、いまもって分からない。

本書の改訂版をつくりながら思い出したことがあった。晩年のカークが筆者に送ってきた手紙に同封されていた雑誌記事のコピーのことである。『クロニクルズ』という雑誌に掲載された「美しき敗者たち（Beautiful Losers）」というエッセーだった。筆者はサミュエル・フランシス（一九四七－二〇〇五）。反動思想家と見なされた著述家だ。エッセーの副題は「アメリカ保守主義の失敗」。

実は当時、このエッセーを読んで、その意味を捉えきれなかった。孤独な保守主義者であったカークが、結局ヨーロッパ的な保守主義を根付かせられなかったという思いを間接的に伝えようとしたのかと思った。

いまトランプ現象の最中、フランシスが一九九〇年代に発表した、いくつかのエッセーが現象を読み解く基礎文献ではないかと指摘されている。「美しき敗者たち」を含め、それらが論じているのは「反動」の最後の蜂起への道であった。下層白人中産階級の保守・リベラルを越えた「怒り」を政治の場に引きずり出していく提言だった。そんなわけで、不思議な思いにとらわれながら、あとがきをしたためている。この話を詳述するには新たな章を起こさなければならないが、それは大統領選の行方を見定めてからにしよう。

本書の原著は、新潮社の月刊誌『フォーサイト』（現在はオンライン版）での二〇〇五―〇七年にかけての連載が核となっている。当時お世話になった同誌の寺島哲也・堤伸輔編集長ほか筆者の担当を務めた横手大輔氏、川上祥子氏、内山淳介氏に感謝したい。遡れば、本書の原点となったのは一九九〇年代初めに『中央公論』に幾度かにわたって掲載された現代アメリカ思想に関する拙論であった。当時、担当してもらった河野通和氏（のちに中央公論新社取締役）は現在、新潮社の役員として活躍しておられ、その頃に『中央公論』編集者で、のちに同誌編集長を務めた木佐貫治彦氏の尽力でこの増補改訂版が中公文庫に収められることになった。両出版社と深い縁のある本である。記して各位に心からの謝意を表したい。

二〇一六年六月

会田弘継

参考・引用文献一覧

プロローグ

George H. Nash, *The Conservative Intellectual Movement in America since 1945*, Intercollegiate Studies Institute, 1998

Russell Kirk, *The Conservative Mind* (Seventh Revised Edition), Regnery Books, 1987

A letter dated Dec. 31, 1991, from Russell Kirk to the author

Richard Weaver, *The Southern Essays of Richard Weaver,* Liberty Press, 1987

The Federalist Papers, ed. by Clinton Rossiter, Mentor, 1961

Friedrich Hayek, *The Road to Serfdom*, University of Chicago, 1976

Louis Hartz, *The Liberal Tradition in America*, Harcourt Brace Jovanvich, 1955

第Ⅰ章

Russell Kirk, *The Sword of Imagination*, Wm B. Eerdmans, 1995

Irving Kristol, "The Neoconservative Persuasion," *The Weekly Standard*, Aug. 25, 2003

The Conservative Mind

Russell Kirk, *Eliot and His Age*, Sherwood Sugden & Company, 1984

Russell Kirk, *The Roots of American Order*, Pepperdine University Press, 1977
Russell Kirk, *Beyond the Dreams of Avarice*, Sherwood Sugden, 1956
W. Wesley McDonald, *Russell Kirk and The Age of Ideology*, University of Missouri Press, 2004
Garry Wills, *Confessions of a Conservative*, Penguin Books, 1980
The Portable Conservative Reader, ed. by Russell Kirk, Penguin Books, 1982
Clinton Rossiter, *Conservatism in America*, Harvard University Press, 1955

第1章

Norman Podhoretz, *Making It*, Random House, 1967
The Norman Podhoretz Reader, ed. by Thomas Jeffers, Free Press, 2004
Irving Kristol, *Neoconservatism : An Autobiography of an Idea*, Free Press, 1995
Norman Podhoretz, *Doings and Undoings*, Noonday, 1964
Norman Podhoretz, *Breaking Ranks*, Harper & Row, 1979
Mark Gerson, *The Neoconservative Vision*, Madison Books, 1997
The Essential Neoconservatism Reader, ed. by Mark Gerson, Addison-Wesley, 1996
The Commentary Reader, ed. by Norman Podhoretz, Antheneum, 1966
Robert Kagan, *Of Paradise and Power*, Alfred A. Knopf, 2003
Norman Podhoretz, *Ex-Friends*, Free Press, 1999
Norman Podhoretz, *My Love Affairs with America*, Free Press, 2000
The Neoconservative Imagination, ed. by Christopher Demuth and William Kristol, The AEI Press, 1995

第三章

Richard Hofstadter, *Anti-Intellectualism in American Life*, Vintage Books, 1962
George M. Marsden, *Fundamentalism and American Culture*, Oxford University Press, 1980
George M. Marsden, *Understanding Fundamentalism and Evangelicalism*, Wm. B. Eerdmans, 1991
Geroge M. Marsden, *Reforming Fundamentalism*, Wm. B. Eerdmans, 1987
J. Gresham Machen, *Christianity and Liberalism*, Wm. B. Eerdmans, 1923
D. G. Hart, *Defending the Faith : J. Gresham Machen and the Crisis of Conservative Protestantism in Modern America*, P & R Publishing, 1994
J. Gresham Machen, *Selected Shorter Writings*, ed. by D. G. Hart, P & R Publishing, 2004
Mark A. Noll, *The Scandal of the Evangelical Mind*, Wm. B. Eerdmans, 1994
Mark A. Noll, *The Old Religion in a New World*, Wm. B. Eerdmans, 2002
Clyde Wilcox, *Onward Christian Soldiers?*, Westview Press, 1996

第四章

Arthur M. Schlesinger, Jr., *The Cycles of American History*, Houghton Mifflin, 1986
Donald Davidson et al., *I'll Take My Stand*, Louisiana State University Press, 1977
Donald Davidson, *Regionalism and Nationalism in The United States*, Transaction Publishers, 1991
Allen Tate, *Essays of Four Decades*, ISI Books, 1999
Allen Tate, *Reactionary Essays on Poetry and Ideas*, Books for Libraries Press, 1968

Paul Conkin, *The Southern Agrarians*, The University of Tennessee Press, 1988

Mark G. Malvash, *The Unregenerate South*, Louisiana State University Press, 1997

Richard M. Weaver, *Ideas Have Consequences*, The University of Chicago Press, 1948

In Defense of Tradition : Collected Shorter Writings of Richard M. Weaver 1929-1963, ed. by Ted J. Smith III, Liberty Fund, 2000

Richard M. Weaver, *Vision of Order*, Intercollegiate Studies Institute, 1995

Richard M. Weaver, *The Ethics of Rhetoric*, Hermagoras Press, 1985

Joseph Scotchie, *Barbarians in the Saddle : An Intellectual Biography of Richard M. Weaver*, Transaction Publishers, 1997

Michael O'Brien, *The Idea of the American South 1920-1941*, Johns Hopkins University Press, 1979

The Southern Essays of Richard M. Weaver

The Sword of Imagination

第五章

Leo Strauss, *What is Political Philosophy? and Other Studies*, The Free Press, 1959

Leo Strauss, the Straussians, and the American Regime, ed. by Kenneth L. Deutsch & John A. Murley, Rowman & Littlefield, 1999

Leo Strauss, *The City and Man*, The University of Chicago, 1964

Leo Strauss, *On, Tyranny*, Cornell University Press, 1988（レオ・シュトラウス『僭主政治について』〔石崎嘉彦・飯島昇藏・面一成訳〕上・下、現代思潮新社、２００６、２００７年）

Francis Fukuyama, *America at the Crossroads*, Yale University Press, 2006（フランシス・フクヤマ『アメリカの終わり』〔会田弘継訳〕、講談社、２００６年）
Allan Bloom, *Giants and Dwarfs*, Simon and Schuster, 1990
Shadia Drury, *Leo Strauss and the American Right*, St. Martin's Press, 1997
Anne Norton, *Leo Strauss and the Politics of American Empire*, Yale University Press, 2004
Alexandre Kojève, "Outline of a Doctrine of French Policy," *Policy Review*, Aug-Sept. 2004
James Atlas, "The Nation : Leo-Cons ; A Classicist's Legacy," *The New York Times*, May. 4, 2003
Jenny Strauss Clay, "The Real Leo Strauss," *The New York Times*, June 7, 2003
レオ・シュトラウス『自然権と歴史』（塚崎智・石崎嘉彦訳）、昭和堂、１９８８年
レオ・シュトラウス『リベラリズム　古代と近代』（石崎嘉彦、飯島昇藏ほか訳）、ナカニシヤ出版、２００６年
レオ・シュトラウス『古典的政治的合理主義の再生』（石崎嘉彦監訳）、ナカニシヤ出版、１９９６年
レオ・シュトラウス『ホッブズの政治学』（添谷育志・谷喬夫・飯島昇藏訳）、みすず書房、１９９０年
アラン・ブルーム『アメリカン・マインドの終焉』（菅野盾樹訳）、みすず書房、１９８８年

第六章

H. L. Mencken, *Notes on Democracy*, Alfred A. Knopf, 1926
H. L Mencken, *In Defense of Women*, Dover Publications, 2004
H. L. Mencken, *The Days of H.L. Mencken*, Dorset Press, 1989

H. L. Mencken, *Minority Report*, The Johns Hopkins University Press, 1956
A Mencken Chrestomathy, ed. by H.L. Mencken, Random House, 1982
The Impossible H.L. Mencken, ed. by Marion Elizabeth Rodgers, Doubleday, 1991
H. L. Mencken's Smart Set Criticism, ed. By William H. Nolte, Regnery Publishing, 1987
Terry Teachout, *The Skeptic*, HarperCollins, 2002
Marion Elizabeth Rodgers, Mencken : *The American Iconoclast*, Oxford University Press, 2005
James Reston, "a Giant of Journalism, Dies at 86," *The New York Times*, Dec. 7, 1995

第七章

John Rawls, *A Theory of Justice*, The Belknap Press of Harvard University Press, 1971
John Rawls, *Political Liberalism*, Columbia University Press, 1993
H. W. Brands, *The Strange Death of American Liberalism*, Yale University Press, 2001
Arthur M. Schlesinger, Jr., *The Disuniting of America*, W.W. Norton, 1991
ジョン・ロールズ『万民の法』（中山竜一訳）、岩波書店、２００６年
川本隆史『ロールズ――正義の原理』、講談社、２００５年
盛山和夫『リベラリズムとは何か――ロールズと正義の論理』、勁草書房、２００６年
チャンドラン・クカサス、フィリップ・ペティット『ロールズ――『正義論』とその批判者たち』
（山田八千子、嶋津格訳）、勁草書房、１９９６年

第八章
Robert Nozick, *Anarchy, State and Utopia*, Basic Books, 1974（ロバート・ノージック『アナーキー・国家・ユートピア』〔嶋津格訳〕、木鐸社、２００２年）
Robert Nozick, *Invariances*, Harvard University Press, 2001
Rovert Nozick, *Socratic Puzzles*, Harvard University Press, 1997
Jonathan Wolff, *Robert Nozick*, Stanford University Press, 1991
Robert Nozick, ed. by David Schmidtz, Cambridge University Press, 2002
David Boaz, *Libertarianism*, The Free Press, 1997
"Libertarians Pursue New Political Goal : State of Their Own," *The New York Times*, Oct. 27, 2003
ロバート・ノージック『考えることを考える』（坂本百大ほか訳）上・下、青土社、１９９７年

第九章
Robert Nisbet, *The Quest for Community*, Institute for Contemporary Studies, 1990
Robert Nisbet, *The Sociological Tradition*, Transaction Publishers, 1993
Robert Nisbet, *Conservatism*, University of Minnesota Press, 1986
Robert Nisbet, *Prejudice*, Harvard University Press, 1982
Robert Nisbet, *Tradition and Revolt*, Transaction Publishers, 1999
Robert Nisbet, *The Present Age*, Liberty Fund, 1988
Robert Nisbet, *Twilight of Authority*, Liberty Fund, 1975
Robert Nisbet, *The Social Philosophers*, Canadian Scholars' Press, 1993

Brad Lowell Stone, *Robert Nisbet*, ISI Books, 2002
R・N・ベラー他『心の習慣——アメリカ個人主義のゆくえ』（島薗進・中村圭志訳）、みすず書房、1991年

第十章

William F. Buckley, Jr. *God and Man at Yale*, Regnery Gateway, 1986
John Judis, *William F. Buckley, Jr.*, Simon and Schuster, 1988
Jeffrey Hart, *The Making of the American Conservative Mind*, ISI Books, 2005
American Conservative Opinion Leaders, ed. by Mark J. Rozell and James F. Pontuso, Westview Press, 1990
J. David Hoeveler, Jr., *Watch on the Right*, The University of Wisconsin Press, 1991
Conservatism in America Since 1930, ed. By Gregory L. Schneider, New York University Press, 2003
John Micklethwait & Adrian Wooldridge, *The Right Nation*, The Penguin Press, 2004

第十一章

Francis Fukuyama, *The End of History and the Last Man*, The Free Press, 1992
The Public Interest, No. 159, Spring, 2005
America at the Crossroads
The Sword of Imagination
Max Boot, “What the Heck is a Neocon?,” *Wall Street Journal*, Dec. 30, 2002
David Brooks, “A Return to National Greatness : A Manifesto for a Lost Creed,” *The Weekly Standard*, Mar. 3, 1997

Jacob Heilbrunn, *They Knew They Were Right : The Rise of the Neocons*, Doubleday, 2008

John Ehrman, *The Rise of Neoconservatism*, Yale University Press, 1995

The Neocon Reader, ed. By Irwin Stelzer, Grove Press, 2004

Neoconservatism : The Autobiography of an Idea

The Norman Podhoretz Reader

Of Paradise and Power

三田剛史『甦る河上肇』、藤原書店、２００３年

第十二章

Francis Fukuyama, *The Origins of Political Order*, Farrar Strauss and Gireoux, 2011（フランシス・フクヤマ『政治の起源』〔会田弘継訳〕上・下、講談社、２０１３年）

Francis Fukuyama, *Trust*, Free Press, 1995（フランシス・フクヤマ『「信」なくば立たず』〔加藤寛訳〕、三笠書房、１９９６年）

Francis Fukuyama, *The Great Disruption*, Free Press, 1999（フランシス・フクヤマ『「大崩壊」の時代』〔鈴木主税訳〕上・下、早川書房、２０００年）

Francis Fukuyama, *Our Post-human Future*, Farrar Strauss and Gireoux, 2003（フランシス・フクヤマ『人間の終わり』〔鈴木淑美訳〕、ダイヤモンド社、２００２年）

The End of History and the Last Man

America at the Crossroads

第十三章

Peter Beinart, "Why America Is Moving Left," *The Atlantic*, Dec. 21, 2015

Dian D. van Bergen et al, *Suicidal Behaviors of Immigrants and Ethnic Minorities in Europe*, Hogrefe Publishing, 2015

Carmen DeNavas-Walt and Bernadette D. Proctor, *Income and Poverty in the United States*, United States Census Bureau, 2015

Donald I. Warren, *The Radical Center : Middle Americans and the Politics of Alienation*, University of Notre Dame Press, 1976

Ronald Inglehart, "Inequality and Modernization," *Foreign Affairs* Jan/Feb, 2016

Richard Hofstadter, *The Age of Reform: From Bryan to F. D. R*, 1955（リチャード・ホーフスタッター『改革の時代――農民神話からニューディールへ』〔清水知久ほか訳〕、みすず書房、１９８８年）

Robert P. Johns, Daniel Cox, Betsy Cooper, and Rachel Lienesch, *Anxiety, Nostalgia, Misrust*, Public Religion Research Institute, 2015

Michael Kazen, *The Populist Persuasion: Revised Edition*, Cornell University Press, 1995

George Packer, "The Republican Class War," *The New Yorker*, Nov. 9, 2015

Joseph M. Schwartz, "How Bernie Sanders reviving an American tradition," *In These Times*, p. 18 Vol. 40 No. 1

Alexis de Tocqueville, *DE LA DEMOCRATIE EN AMERIQUE*, 1840（アレクシ・ド・トクヴィル『アメリカのデモクラシー』松本礼二訳第1巻上・下、第2巻上・下、岩波文庫、２００５、２００８年）

Margaret Talbot, "The Populist Prophet," *The New Yorker*, Oct. 12, 2015

Peter Werner et al, *Room to Grow*, YG Network, 2014

五十嵐武士「アメリカ政治のポピュリズム」『レヴァイアサン』（木鐸社）42号99～１２２、２００８年

河原祐馬・島田幸典・玉田芳史編『移民と政治』、昭和堂、２０１１年

島田幸典・木村幹編著『ポピュリズム・民主主義・政治指導』、ミネルヴァ書房、２００９年

エピローグ

A letter dated Dec. 31, 1991, from Russell Kirk to the auther

The Portable Conservative Reader

The Sword of Imagination

The Conservative Mind (Seventh Revised Edition)

Studies in Modern Japanese Literature, ed. by Dennis Washburn and Alan Tansman, The University of Michigan, 1997

Bruce Caldwell, *Hayek's Challenge*, The University of Chicago Press, 2004

Hayek on Hayek, ed. by Stephen Kresge and Leif Wenar, The University of Chicago Press, 1994

An Introduction to Soseki, a Japanese Novelist, A Dissertation submitted to the Faculty of the Division of Social Sciences in Candidacy of Doctor of Philosophy, Committee on Social Thought, by Edwin McClellan, 1957

Edwin McCellan, "An Implication of Soseki's Kokoro," *Momumenta Nipponica*, Vol.14, No.3/4 (Oct. 1958-Jan. 1959)

江藤淳『決定版　夏目漱石』、新潮文庫、１９７９年

『新編江藤淳文学集成１　夏目漱石論集』「著者のノート」、河出書房新社、１９８４年

『新編江藤淳文学集成5　思索・随想集』「日記から」、河出書房新社、1985年
エドウィン・マクレラン「プリンストン以来」、『江藤淳著作集　続2』月報、講談社、1973年
水村美苗『私小説 from left to right』、新潮社、1995年
F・A・ハイエク『法と立法と自由』Ⅰ、Ⅱ、Ⅲ、春秋社（ハイエク全集8、9、10）、1987年
エドウィン・マクレラン・江藤淳、対談「恐れと親しみと」、『季刊藝術』第34号（1975年7月）
エドウィン・マクレラン「思い出すこと」、『季刊藝術』第50号（1979年7月）
『定本　伊東静雄全集』人文書院、1971年
江藤淳『なつかしい本の話』新潮社、1978年
江藤淳『アメリカと私』講談社文芸文庫、2007年
江藤淳『成熟と喪失』講談社文芸文庫、1993年
江藤淳『一九四六年憲法──その拘束』文藝春秋、1980年
江藤淳『閉された言語空間』文春文庫、1994年
江藤淳『一族再会』講談社文芸文庫、1988年
江藤淳『南洲残影』文春文庫、2001年
加藤典洋『アメリカの影』講談社学術文庫、1995年
小島信夫『抱擁家族』講談社文芸文庫、1988年

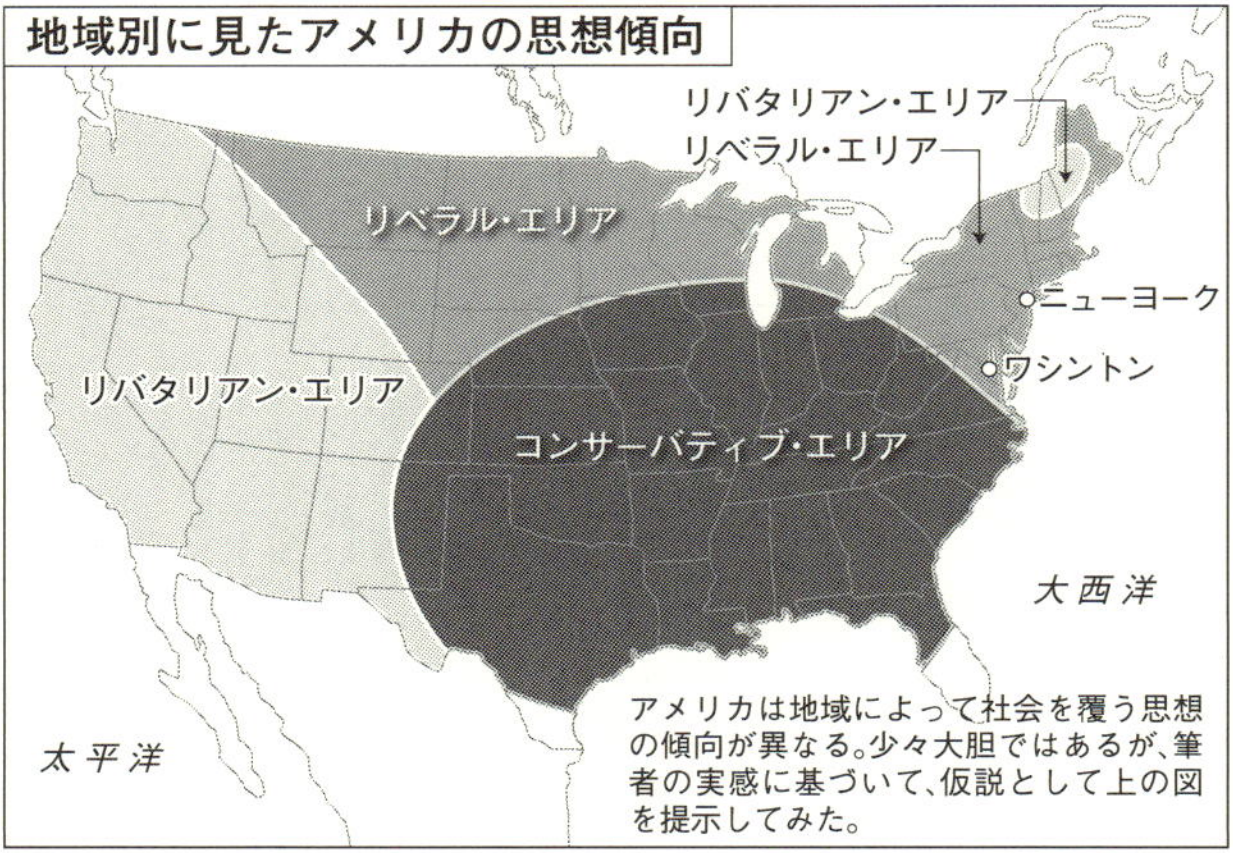

地域別に見たアメリカの思想傾向
リバタリアン・エリア
リベラル・エリア
リベラル・エリア
リバタリアン・エリア
ニューヨーク
ワシントン
コンサーバティブ・エリア
大西洋
太平洋
アメリカは地域によって社会を覆う思想の傾向が異なる。少々大胆ではあるが、筆者の実感に基づいて、仮説として上の図を提示してみた。

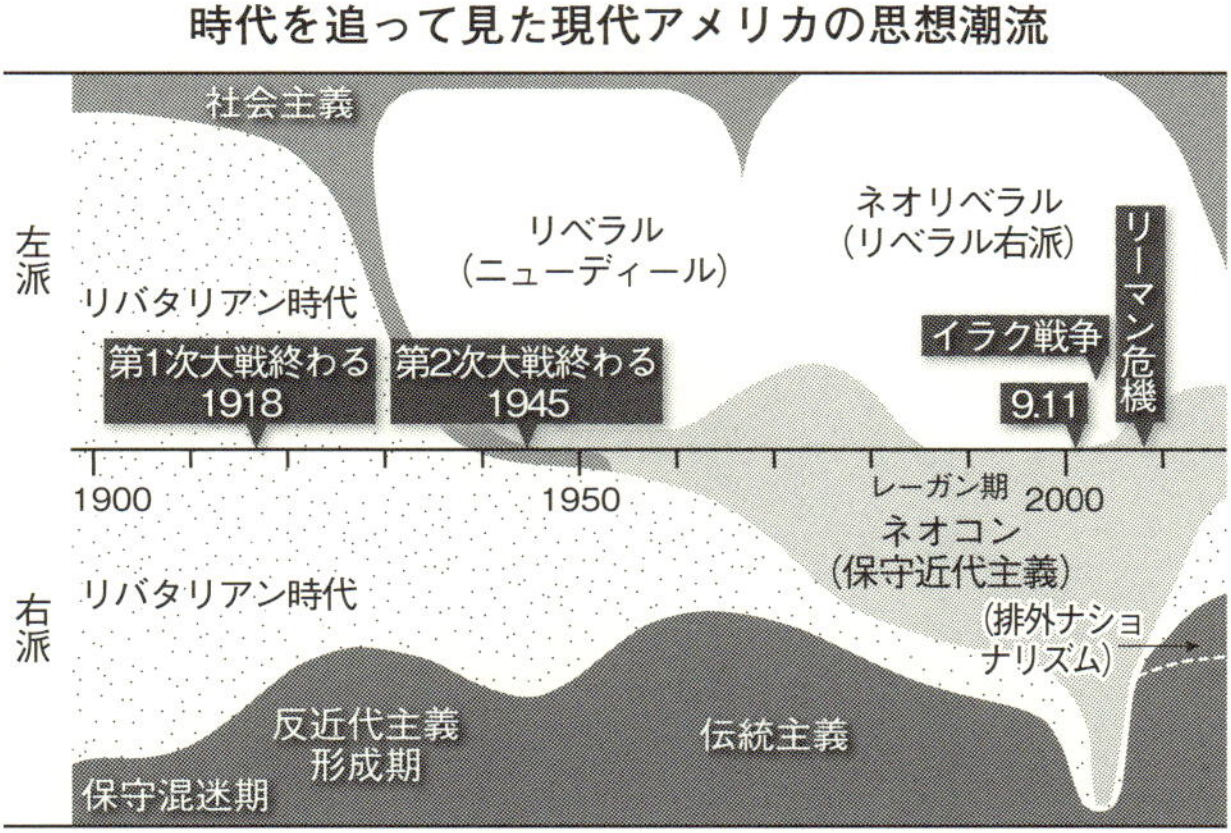

時代を追って見た現代アメリカの思想潮流
左派
右派
社会主義
リバタリアン時代
リベラル
(ニューディール)
ネオリベラル
(リベラル右派)
リーマン危機
イラク戦争
9.11
第1次大戦終わる
1918
第2次大戦終わる
1945
1900
1950
レーガン期
2000
ネオコン
(保守近代主義)
リバタリアン時代
(排外ナショナリズム)
反近代主義
形成期
伝統主義
保守混迷期

本書に登場する思想家の傾向

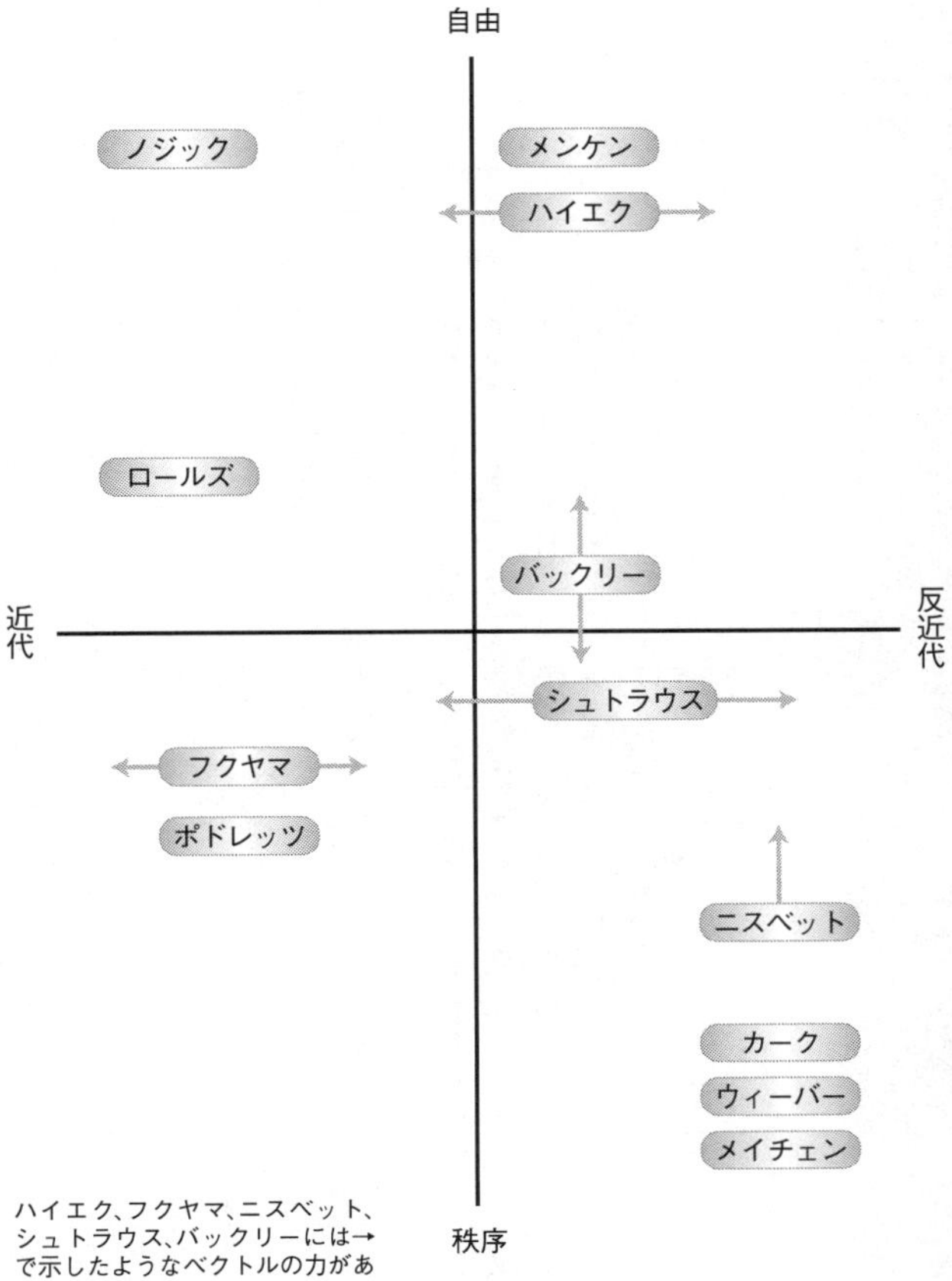

ハイエク、フクヤマ、ニスベット、シュトラウス、バックリーには→で示したようなベクトルの力があるようにみえる

図表作成　ケー・アイ・プランニング

本書は『追跡・アメリカの思想家たち』（新潮選書、二〇〇八年）を加筆・修正したものです。文庫化にあたり、青山学院大学地球社会共生学部の「青山地球社会共生論集」掲載の論文をもとに第十三章を新たに書き下ろし、『政治の起源』（フランシス・フクヤマ著、会田弘継訳、講談社）の下巻解説をもとに第十二章を、「アメリカへのアンビバレンス〔今、江藤淳を読む〕」（『環』vol.51、2012年秋号所収）をもとにエピローグの後半を加筆しました。

中公文庫

増補改訂版《ぞうほかいていばん》
追跡《ついせき》・アメリカの思想家《しそうか》たち

2016年7月25日　初版発行
2021年11月30日　再版発行

著　者　会《あい》田《だ》　弘《ひろ》継《つぐ》

発行者　松田　陽三

発行所　中央公論新社
〒100-8152　東京都千代田区大手町1-7-1
電話　販売 03-5299-1730　編集 03-5299-1890
URL http://www.chuko.co.jp/

印　刷　三晃印刷
製　本　小泉製本

Published by CHUOKORON-SHINSHA, INC.
Printed in Japan　ISBN978-4-12-206273-3 C1136

中公文庫既刊より

ハ-16-1
ハル回顧録
コーデル・ハル
宮地健次郎 訳
日本に対米開戦を決意させたハル・ノートで知られ、「国際連合の父」としてノーベル平和賞を受賞した外交官が綴る国際政治の舞台裏。〈解説〉須藤眞志
206045-6

ケ-7-1
ジョージ・F・ケナン回顧録 I
ジョージ・F・ケナン
清水俊雄
奥畑稔 訳
封じ込め政策を提唱し冷戦下の米国政治に決定的な影響を与えた外交官ケナン。米国外交形成過程を活写した本書はその代表作にして歴史的名著である。
206324-2

ケ-7-2
ジョージ・F・ケナン回顧録 II
ジョージ・F・ケナン
清水俊雄
奥畑稔 訳
本書はケナンの名を一躍知らしめた「X−論文」とそれがトルーマン政権下で対ソ政策の基調となり冷戦が始まる時代を描く。日本問題への考察も重要だ。
206356-3

ケ-7-3
ジョージ・F・ケナン回顧録 III
ジョージ・F・ケナン
清水俊雄
奥畑稔 訳
最終III巻は冷戦が激化を迎える一九五〇−六三年が対象。ケナンはモスクワ等での経験を描きつつ冷戦下世界へ根源的な分析を加える。〈解説〉西崎文子
206371-6

ほ-19-1
正統と異端 ヨーロッパ精神の底流
堀米庸三
キリスト教会をめぐる様々な異端抗争を解明し、ヨーロッパ人の精神的形成に大きな影響を与えた、宗教と政治の緊張関係を劇的に再現する。〈解説〉樺山紘一
205784-5

た-74-2
革新幻想の戦後史（上）
竹内洋
戦後社会を席捲した「左派にあらざればインテリにあらず」という空気を、膨大な文献と聞き取り調査から描き出す。読売・吉野作造賞受賞作を増補した決定版。
206172-9

た-74-3
革新幻想の戦後史（下）
竹内洋
〈革新幻想〉は何をもたらし、その結果どんなねじれが生じたのか。左派と保守の二項対立では要約できない「あの時代の空気」を様々な切り口から掬い上げる。
206173-6

各書目の下段の数字はISBNコードです。978−4−12が省略してあります。